仕事マンガ!

52作品から学ぶキャリアデザイン

梅崎 修 著
Umezaki Osamu

ナカニシヤ出版

はじめに

キャリアデザインの時代

現代は、キャリアデザインの時代と呼ばれている。キャリアデザインという流行語が人びとの注目を集めている。もともとキャリア（career）は昔の言葉であり、中世ラテン語の轍《わだち》を起源とする。轍とは車輪の跡のことであるが、もちろん車輪の跡が注目を集めているわけではない。言葉の意味は変化し、空間概念から時間概念になった。キャリアは、人びとがたどる足跡を意味するように変化したのである。わかりやすくいえば、履歴のことであるが、キャリアには仕事履歴だけではなく生活履歴も含まれる。大げさにいえば、人生の道という意味になる。

人生の道をデザインすることが求められている、もしくは注目を集めているのは、見方を変えれば、今、キャリアデザインは難しいと感じている人がいかに多いかということである。

未来が不透明であるから、未来をデザインしたいという願望が競り上がってくる。このような願望が顕在化してきたのは、バブル崩壊後の一九九〇年代以降である。

ここ二〇年間、不景気はもちろんだが、IT化、サービス化、グローバル化といった変化が働く環境と生活環境を流動化させ、われわれを不安にさせてきた。この変化は予測できず、いざ起こってみければ避けられない。われわれは厳しい時代のなかにいる。

経済全体が右肩上がりならば、楽観的にもなれる。人びとは成長の流れに合わせて未来を描けばよい。安定した仕事を手に入れたならば、未来は確実なものとして目の前に現われる。しかし現在、未来を予測することは難しい。未来が曖昧ならば、われわれは未来に向けて何をデザインすればよいのだろうか。

自律を教えることは可能か?

われわれが理想とするキャリアデザインとして、まずお金、安定、名声などの言葉が浮かぶが、それらはすべて他人との相対的な価値である。理想のキャリアデザインを突きつめれば、自律という絶対的な価値になる。

自立ではない。もちろん、経済的自立は必要だが、それだけでは不十分である。自律とは、自己コントロールという意味である。自分で自分をコントロールすることなんて、当たり前のことだと思われるかもしれない。しかし、進学、就職、転職、結婚などの人生の選択を思い浮かべてほしい。われわれは、まわりに流されて自分の人生を選択しているのではないか。

ときに自律は、線路に対して道路にたとえられる。線路を走る電車の乗客は、出発駅から他人の運転に任せきりである。しかし、道路は違う。自分でハンドルを握ってクルマを運転しなければならない。自動車免許がないならば、自転車を想像すればよい。はじめて自転車が動き出した瞬間、その緊張と爽快を思い出す。このハンドルを握る感覚が自律である。

ところが、現在、本当は自動車の運転席に座っているのに、新幹線のグリーン席に座っていると勘違いしている人がいる。終身雇用と年功序列ならば、運転は会社任せで定年（到着駅）まで行けばよい。しかし、今は一人ひとりがハンドルを握っている（握らされている）のである。

われわれは、薄々事態を理解しているのだろう。現代社会は、コントロールできそうもない早瀬だからこそ、かえって自分をコントロールしたいと思う。つまり、未来への願望と不安は同じコインの裏表なのである。

この事実については、本書の中でも何度も確認した。何度も確認したのは、この両面性がキャリアについて語ることの困難を生み出しているからである。

試しに本屋さんに行って、ビジネス書のコーナーを覗いてほしい。そこには、二種類の売れるキャリア本しかないことに気づくであろう。

第一のタイプは、経済環境の変動を大げさに取り上げ、将来の不安を煽《あお》るものだ。経済崩壊、業界危機、雇用不安などの言葉が飛び交う。不安を煽られれば、その本を読まずにはいられない。けれど、読んでいるとさらに落ち込むことになる。

しかし、安心せよ。その隣には、「これさえやっておけば大丈夫」という第二のタイプ、安心本が存在する。早寝早起き習慣や日記の書き方など、ノウハウだけのキャリア本が流行っている。不安を煽り、その後で安心させる。ものすごい商売ではないか。不安に煽られ、安心を与えられることは、最も自律から遠い姿である。

私は思った。そもそも、自律を教えることができるのだろうか。自律は、他人から与えられるものではなく、自ら発見するものではないか。

そうであるならば、なんで、こんな題名の本があなた（読者）の前にあるのか。自問自答。なぜ、私はこの本を書いたのか。

脱・学校空間

『仕事マンガ！』は、マンガを教材に仕事を、そしてキャリアを語った本である。二〇〇六年に刊行した前作『マンガに教わる仕事学』（ちくま新書）では、四〇作品を取り上げたが、今回はそれを上回る五二作品である。これまで私は、全部で九二作品を読み、作品の中のキャリアを紹介したことになる。世の中には熱狂的なマンガ読者、優れたマンガ批評家は多いが、キャリアと重ねてこれだけのマンガを読んだ人間はいないのではないか。

実は、この本の執筆は自律の学びという問題意識からはじまっている。マンガが好きだからマンガでキャリアを語ったのではない。それもまたひとつの事実ではあるが、私は、キャリアを語りたくてマンガを選んだのである。その理由を説明するには、自律の学びという問題をもう少し詳しく説明する必要がある。

自律を学ぶ際の大きな障害は、われわれが学ぶという行為を考える際に学校をイメージしてしまうことである。小学校、中学校、高校と、われわれは教室という特殊な空間の中で学んできた。その空間では、先生が教え、学生が学ぶという一対多の関係があった。教える側には、必ず答えが用意されており、その答えを探し求めることが学生には求められた。つまり、答えに速く、正確にたどり着くという一〇〇点満点をとるための学びであった。

もちろん、英単語や数式や年代を覚えるのならば、このような「教える－学ぶ」という一対多の関係も効率的であろう。私も、学校空間そのものを否定するつもりはない。

しかし、自律とは誰に対しても共通の答えはないのである。むしろ、答えを探す（＝答えを与えてもらう）という受け身の態度では、学ぶことができないものなのである。

戦後日本の教育制度における限界は、学ぶという行為の多様性を圧し殺してきたことに原因があるのかもしれない。

そうであるならば、自律を学ぶためには、その前に、まず教室から学びを解放しなければならない。しかし、答えを持たない、もしくは答えがないという事実は教わろうとする人を戸惑わせる。それほど、学びに対する思い込みは根深いものである。

さて、話は一巡し、もとに戻ったといえよう。自律を学ぶことが答えを用意しないことならば、はじめの問いは繰り返される。自律を教えることは可能なのか、と。

一人より他人

私も、答えのないという戸惑いを理解できるのだが、この戸惑いが結果的にさらなる間違いを生み出す危険性にも留意したい。他人が答えを持たないという事実は、一人で考えるしかないという結論を導き出してしまうからである。

一人で考えるということが、自律的であるとか、個性的であるとか、多くの人は誤解しやすい。それは、自己中心の無関心というだけである。また、結果がすべてだという自己責任論も、人は他人との関係で変わるという可能性の否定である。

他者へ過剰な要求と他者への無関心は、ともに同じ事実の裏表である。誰も答えを持たないということは、教える人がいないということではない。学ぶためには他者が必要である。

先生でもなく、先輩でもなく、憧れの人でもない。上に見るのでも、もちろん下に見るわけでもない。そんな他者との関係が学びの気づきにつながる。そんな機会を生み出したい。

しかし、本書で確認したのは、学びに関する逆転の歴史、つまり自律を学ぶ機会が減っていく歴史である。昔は自律を教えるつもりのない大人がたくさんいて、いつの間にか子供たちも自律を学んでいたが、今は学びたいという掛け声だけになっている。

むろん、私のこの意見に反論もあろう。キャリアという言葉が使われるようになったのは最近ではないか、昔の学校にキャリア教育という授業はない、自律を学ぶ機会は今のほうが多い、と。

しかし、キャリア教育という言葉はなかったが、キャリア教育は存在したのである。キャリア教育というと、社会人を教室にお呼びし、仕事について語ってもらう授業、もしくは学生が会社に訪問するインターンシップなどの体験型学習がある。仕事未経験の子供や若者が、職業人とたくさん接触することによって自分自身の自律的キャリア形成のヒントを見つける。たしかに、そんな授業は昔にはなかったと思うが、年配者は思い出し、若者には想像してほしい。そもそも昔は、今よりも職住一致の社会である。終戦直後、日本人のほとんどは農業に従事していた。田んぼや畑は、家の前にあった。また昭和三〇年代、日本の各地に元気な商店街があった。商店は働く場所であるとともに、生活する場所であった。

住む人である子供は、つねに傍らに働く大人を眺めていた。親の仕事をお手伝いするとき、子供たちは仕事を〝体感〟していたのである。農家の子供は、四季を通じた仕事の流れとそれに伴う辛さと喜びを体感した。商店の子供は、毎月変動するお店の売り上げを両親の機嫌から感じ取った。これを体験型キャリア教育と呼ばずして、何をキャリア教育と呼べばよいのであろうか。たった一日、社会人を職場から切り離して学校にお呼びするキャリア教育。たった数日間、お客様として職場を訪問するインターンシップ。これらを昔のキャリア教育と比較しよう。職住一致社会には本当のキャリア教育が存在した。むろん当時、それらはキャリア教育とは呼ばれていないが、隠れたキャリア教育であった。

しかし、そんな職住一致社会は、経済発展とともに進展した都市化やサラリーマン化によって崩壊した。職住分離は、働く人を都心ビルや大工場に囲い込み、住む人を居心地のよい団地に囲い込んだのである。

もちろん、都会で働くサラリーマンにも仕事の実感は存在する。しかし、その実感が伝わりにくいのである。ためしに子供たちにお父さんの仕事を聞いてみよう。「サラリーマン」「○○会社」という以外に具体的に親の仕事を語れるのか。

他人の仕事実感から乖離《かいり》したところで、抽象的に仕事選択を考えても結論は出てこない。他人から自分の自律的キャリアにつなげるには、仕事の体感という中間地点を通るべきである。

問わずに語れ！

ところが、現在、無意識に完成していたキャリア教育を意識的に取り戻すのは至難の業であろう。なぜなら、意識しながら教育を行なうと、それは体感からはほど遠い、学校空間のお勉強になり下がってしまうからである。体験学習が学校の単なる点数稼ぎになる姿を何度見てきたことか。

昔は自然にできていた学びを作為的に取り戻そうとすると、かえって学びは不自然になってしまう。だからといって、そのまま何もしなければ、隠れたキャリア教育（＝自然）はどんどん失われていく。

この問題は意外と深刻である。恥ずかしながら、私の失敗を紹介しよう。私は、前作を書いたときにも学校空間を否定的にとらえ、答えがない学びの可能性を主張してきた。

しかし、書き手としての私ではなく、教員としての私は、いまだに学校空間の中にいた。学生と将来について話すとき、答えの提示はしなかったが、問いを残していたのである。われわれは、若者たちに問うてしまう。「将来何を目指しているの？」「興味がある仕事ってあるの？」などと相手に向かっていうとき、私は「答え」を待っている自分に気づいたのである。

もちろん、問い自体が間違っているのではない。自ら問うことは大切である。しかし失敗は、問いの使われ方なのである。

世代を超えた会話には共通項が見つけがたい。私たちが簡単に問うという発話を選択してしまうのは、そのほうが会話をつなげるのに楽だからではないか。逆に、聞かれる立場になってみたらどうか。将来何を目指しているのという問いに簡単に答えられる人はいない。でも、問われれば、無理矢理答えてしまう。いい加減で性急な答えに何の価値があろうか。

われわれが求めているものは、作為的に作り出された自然な学びである。ややこしいいい方だが、「作為」は「自然」に向けて工夫されなければならない。

この本が成功しているかどうかは読者に判断いただくしかないのだが、私は、「問う」ことをやめた。むしろ、発見し、語ることに注力したのである。

マンガの主人公は、先生にも、先輩にも、憧れの人にもなりにくい。だからこそ、語る対象としては最適であろう。そもそもマンガとキャリアは結びつかない。マンガは、娯楽であって仕事とは遠い。まさかマンガの主人公から教わることはないという思い込みは、書き手である私にとってチャンスである。五二人の主人公たちに近づき、その仕事語りに耳を傾け、それらの仕事語りを読者に向けて語り直したのである。

教えることを否定しつつも、それでもなお読者に向けて何かを書くならば、書くこと自体が「つながり」でなければならないと思う。仕事語りは、私によって書かれたものかもしれないが、当たり前だが私自身の独創でもない。他人（マンガの主人公たち）の仕事経験を読者に向けて媒介することが、私にとってのつながりであった。

読むことと語ることは、対岸にあるのではなく、同じ岸に並んでいる。読者にとって作者が必要なように、作者にとっても読者が必要となるような関係は、私にとって理想である。この本を書き終えた今、私は、読者によってこの本が変わっていく未完成を、一つの可能性として楽しんでいる。

仕事マンガ！　――52作品から学ぶキャリアデザイン＊目次

第1章　自律はどのように学ぶのか？

目　次

第2章　仕事の語りを聴く

第3章　職場ルールと個人のスキル

第4章 ダメ、でもキャリア

第5章　普通から学び、普通に働く

第6章　社会の中のキャリアデザイン

仕事マンガ！

——52作品から学ぶキャリアデザイン

第1章　自律はどのように学ぶのか?

キャリアデザインにおける理想としての自律とは、ノウハウでも知識でもなく、感覚であると思う。自律をなにか高尚な目標と考えるべきではない。

その感覚とは、半分はリスクに対する緊張や不安であり、半分は自分に対する前向きな自信である。この二つの感覚が均衡している心理状態を自律と呼びたい。

そのような感覚を言葉で伝えるのは難しいのであるが、仕事マンガは、ときに前向き、ときに後ろ向きにその感覚を瑞々しく伝えてくれる。

社会において自律という言葉が使われるとき、「○○すべき」といういい方がなされることが多いが、自律とは、他人から強制されるようなものではない。また自律には、結果の個人責任がすべてという自己責任論と一緒に主張されるが、それは自律の本質を履き違えた議論といえよう。その一方で、社会責任論も制度やシステムばかりを見ているので、感覚という自律の本質を覆い隠してしまう。

この章で紹介する仕事マンガの中には、社会の厳しさを伝えるものも多い。しかし、厳しさを読むことが気分の落ち込みを生み出すとは限らない。元気が生まれるから不思議だ。これは仕事マンガが元気を与えるのではなく、眠っていた元気を目覚めさせるからであろう。そのような感覚の目覚めこそが自律の学びなのである。

1　『たくなび』に見る就活というキャリアイベント

職業キャリアのスタート

日頃から二〇歳前後の大学生たちと身近に接していて感じることであるが、大学四年間における最大のイベントは、サークルでも、バイトでも、もちろん講義でもなく、就職活動だと思う。就活は、生まれてはじめて経験するキャリアイベントである。

就職活動のスタートは早く、大学三年生の後半からはじまる。業界研究を行ないつつ、会社説明会に参加する。場合によってはインターンシップやOB訪問をする学生もいる。その一方で、自己分析をしながら自分に適した職種を探る必要もある。大忙しだ。

就職活動は、大学受験のように偏差値で輪切りにされているわけでもないので、数ある会社から自分に合った会社を探し出さなければならない。

かりに就職したい業界が決まったとしても、そこからが長丁場である。エントリーシートを申し込み、会社セミナーに参加し、筆記試験や面接を通過しないと、内定にはたどり着けないのである。

学生たちは、教育サービスの買い手という立場から労働サービスの売り手という立場に変わる。この立場が変わることが最大の転機である。つまり、大学を卒業した時点で職業キャリアがはじまるのではなく、就活を開始した時点が職業キャリアのスタートなのである。

他人に映る自分

山口かつみ著・渡辺千穂原作協力『たくなび』（小学館）というマンガがある。主人公の萩原拓くんは、どこにでもいる普通の大学三年生である。穏和な感じが魅力であるが、何の特徴もない学生である。何も考えず、のんびりと学生生活を過ごし、就職活動にも熱心でなかった彼も、彼女にふられたことをきっかけに本気で就活に取り組みはじめた。今までの自分にリベンジするために……。

拓くんの第一関門は学歴である。無名の大学に通う拓くんは、会社説明会に申し込んでもフィルターにかけられてしまう。表向きは〃厳正な抽選〃であっても、大学名で選抜されているのが現実である。

その現実に納得できない拓くんは、呼ばれていなかった会社説明会に飛び込み、偶然居合わせた採用担当者に参加を許可してもらう。

説明会終了後、採用担当者は拓くんに説明会に飛び込んできた理由をたずねた。彼はこういう。

ボクは…学歴フィルターをかけられたことが…その…納得できなくて…（第４巻より）

拓くんの気持ちはよくわかる。しかし、企業側の答えは、次のようなものであった。

…いい大学にいるという奴らは、多くの時間を勉強に費やしガンバってライバルに勝ち…この就活を有利にする備えができていた。企業はそこを酌《く》む。それに比べキミたちはどうなんだ？　熱中するモノもなく専門分野に進むでもなく、勉強を頑張るワケでもなく…特技やこだわりを聞かれても答えられず、突出したオタク的要素さえ見当たらない。企業側は、キミの何を判断材料にすればいい？（同上）

社会の厳しい現実である。しかし、会社の側（買い手）から見られている自分を知ることは、拓くんがはじめに越えるべき壁なのである。

自分と他人の対話

拓くんは、学歴というわかりやすい記号を持たないからこそ、これまでの自分と向き合いつつ、他人に映る自分を分析しなければならない。

もちろんこの作業は、他人を過敏に意識したり、偽りの着飾った自分を作ってしまったりする危険性も伴う。拓くんは次のように思う。

誰かが買ってくれればそれでいいって……だから……自らを…ただの商品にしてしまっていた

山口かつみ『たくなび』小学館　ビッグコミックス　第４巻 p.46

んだ……（同上）

就活は、相手に合わせて自分を捨てればよいというわけでもないし、自分を主張すればよいというわけでもない。その答えは、他人のなかに自分の居場所を見つけようとする一回一回の試行錯誤、つまり「表現したい自分」と「他人に映る自分」の間で繰り返される対話のなかにある。

傷つくことも多い対話であるが、他人と自分のちょうど中間にあるのが、仕事って奴なのだろう。

そうそう。就活を続ける拓くんは、はじめて父親の仕事を意識するようになった。四〇年間、田舎のクリーニング店を経営していた親父は六五歳で店をたたんだ。

父親の仕事なんてまったく意識せず、クリーニング店なんて、と思ってきたけれど……親父の四〇年をうらやましく思えるようになった。素直に「四〇年間…お疲れ様でした」といえるようになった拓くんは、この就活で大きく成長しているのである。

2 『バンビ～ノ！』に見つける職場という戦場

坊ちゃんたちの季節

春、四月は、人生のスタートの季節である。桜満開のなか、新社会人がいきいきと歩いているのを街角で見かける。べつにこちらは大した変化もない、いつもの春なのだが、ういういしい若者たちをみているだけでなんだか微笑ましい。

新しい会社に対する期待と不安にあふれているんだろうな。

そんなことを考えつつ、ふと思った。なんで見るだけで新社会人とわかってしまうのだろうか。

新しいスーツを着ているからとも考えられるが、それ以上に雰囲気がどことなくういういしいのである。スーツを着ること自体に慣れていないといいましょうか。まだ社会人であることに慣れていないといいましょうか。

まあ、いい方を変えると、まだまだ学生気分が抜けていないお坊ちゃん・お嬢ちゃんといった感じなのである。

新社会人が社会人として一人前になるには、どれくらいの時間がかかるのだろうか。一ヶ月、一年、いやいや三年、五年と長い時間がかかるのかもしれない。

調理場という名の戦場

せきやてつじ著『バンビ～ノ！』（小学館）というマンガがある。主人公の伴省吾くんは福岡の大学三年生である。小さなイタリア料理店で二年間アルバイトを続けるうちに、料理の仕事に関心を持って調理師免許まで取得した。

もちろん、調理師免許を持っているといっても、彼はまだまだ半人前である。本人自身は調理場を任されて満足し、お気楽に働いているのだが……。

せっかく料理センスがあるのに、アルバイト感覚で働く伴くんを見て、料理長の進さんは東京のお店（最前線）で働かせることを思いつく。本物を見せてやろうというわけである。

進さんの口車にうまく乗せられて、ノコノコと六本木イタリアンの最前線、トラットリア『バッカナーレ』にやってきた伴くん。彼が目にしたのは、調理場という戦場だった。

伴くんは、まずその速さに驚く。調理場では、注文が飛び交い、同時並行ですべての料理が進行する。まるでバスケットボールの試合を見ているようである。

いや、それ以上だろう。仲のよいチームワークとは違う怒鳴り合いの連携プレーがそこにはあった。

調理場の速度にまったくついていけず、ミスを繰り返す伴くんに先輩の香取さんはこういう。

ツラに甘さが出てんだよ、お坊ちゃん！（第1巻より）

せきやてつじ『バンビ〜ノ！』小学館　ビッグコミックス　第1巻 p.207

そう、バンビーノとは、イタリア語でお坊ちゃんという意味なのだ。バンビーノの伴くんは、本物を知ってはじめて思う。

仕事が出来ん自分を思い知るのが怖か――俺は何にも出来ん…香取の言う通り武器も持たずに戦《いくさ》に来たウツケ者たい（同上）

では、伴くんはおめおめと福岡に逃げ帰ったのでしょうか。

違います。伴くんは自分の未熟さを知っても、なお「今の俺に何が出来るとや?」（同上）と考える奴だったのです。彼には、体の中からわいてくる仕事への闘争心がある。そして、こう叫ぶ。

使いモンにならんでよか！　半人前でよか!!　最前線にいてえ！（同上）

調理場ではカッコ悪かったけど、それを受け入れた伴くんはカッコイイ。彼の料理人修業はここからはじまった。

実戦で料理される

今の自分自身を知るのが怖くて、夢なんてないよと答える若者はけっこう多い。なんとなく心に描く夢はあるけど、みんなの前で夢を語ると、他人から実力のなさを批判されるような気がするのだろう。しかし、そんな逃げ腰じゃいつまでたってもバンビーノのままだ。失敗（＝現実）を恐れていたら実戦は味わえないのである。バッカナーレの料理長、鉄幹さんは実戦の意味を次のように語る。

この世界は机の上で習った事なんざ役に立たねェ。医師。調理師。どちらも「師」がつく…どちらも人を生かす職業だ。ただ――お医者さんは知らねェが、調理師は実戦でしか育たねェ（同上）

実戦では、一人前でない自分を鏡に映すことになり、落ち込むこともある。しかし、そこで悔しい、負けたくないと思うことが、一人前になる第一歩なのである。

そう考えると、伴くんは実に恵まれた環境にいる。福岡の進さんや東京の鉄幹さんは、彼のつまずきを事前に助けたりしない。彼を見守りながら、自分の仕事（本物）を静かに示すだけだ。

しかし、それこそが彼の成長を促しているのである。

坊ちゃんお嬢ちゃんたち！　これからは実戦なんだぜ！

3　『弁護士のくず《九頭》』に見つけるホンネとタテマエの間

ホンネとタテマエ

七月は、三月に学校を卒業し、四月から新たに社会にこぎ出した新社会人たちが、そろそろ本格的に仕事をはじめる頃である。新入社員研修の間は、まだ学校生活の延長である。本格的な仕事のはじまりは、やはり研修が終わった後の初任配属からであろう。

むろん、配属後も新入社員が使いものになるはずもなく、先輩や上司のお守りが必要であろうが、一応それなりに自分の担当仕事が決まるのである。

多くの新入社員は、配属が決まった後でリアリティー・ショックを受ける。採用担当者が語り、自分自身が思い描いていた仕事のイメージは現実の仕事とはかけ離れているのだから当然といえば当然である。

これからの会社生活を考えると、この時点の〝調整〟は大切である。新入社員は、三日、三ヶ月、三年で辞めたくなるといわれるが、ここは二度目の大波なのである。

意外な事実かもしれないが、ここの大波で溺れてしまうのは、真面目に仕事について考えてきた人、理想の仕事を思い描いてきた人である。要するに、企業のホンネとタテマエの板挟みにはまってしまうのである。

たとえば、営業部に配属になれば、社会のためによい商品や優れた商品を売るというタテマエとは別に、儲けるためには商品に自信がなくても売らなければならないというホンネも存在する。

もちろん、仕事には理想（タテマエ）が必要である。理想を求めなければ、仕事の充実感も得られないのだろう。しかし、青臭い理想だけならば、現実に対してあまりにももろいのである。

正義という色眼鏡

井浦秀夫著・小林茂和監修『弁護士のくず』（小学館）というマンガがある。主人公の九頭《くず》元人（通称くず）は不良・スケベ弁護士である。なにしろセクハラで訴えたいという相談者に「チチもまれたのか？（チキショーオレにももませろ）」（第1巻より）といってしまうのだから……まさに弁護士の〝屑〟である。

同じ弁護士事務所でくずさんとコンビを組むのは、優秀な女性弁護士の武田真実《たけだまみ》さんである。彼女は、人権派弁護士で評論家として活躍する白石誠所長に憧れてこの事務所に入ってきたのであるが、結局くずさんとコンビを組むことになってしまった。彼女も「どーしてあんなクズがいついてるんですか!?」と嘆くしかないのである（同上）。くずさんの言動を知れば知るほど真実さんの不満や怒りには共感できる。

だが……弁護士の仕事は真美さんが考えるほど単純ではない。なぜなら弁護士は、もめごとに首を突っ込み、本音と嘘の混じり合った世界を理解しなければならないからである。

厳しくいえば、真実さんはまだ若い。セクハラと聞けば「絶対許せない」、離婚と聞けば「本当にダメな人ね」という反応である。つまり、正義をなそうと思うがゆえに他人を色眼鏡で見てしまっている。たとえ正義心であっても色眼鏡には変わりなく、正義をなすことが自分の仕事であると思えば思うほど、現実の仕事からは離れてしまうのである。

その点、幸か不幸かもともと人格的に問題があるくずさんは大丈夫である。本音を読み解くくずさんの視点は複眼的である。その複眼がもめごとを解決に導くのだから、実は、彼は仕事ができる男なのである。

柔らかさは強さ

それでは、九頭元人という弁護士は、ホンネだけで生きている人なのだろうか。ホンネで生きれば仕事がうまく進むのであろうか。

もちろん、違う。そのことを理解するために、くずさんの仕事をもう少し眺めてみよう。

ある事件を起こした一八歳の少女は、彼女を更正させようとする弁護士たちに不信感を抱く。みんなは私のことを「本当はいい子」といいたがるけど、それは自分がいいカッコしたいだけじゃないか

井浦秀夫『弁護士のくず』小学館　ビッグコミックス　第１巻

と。少女は、くずさんだけはホンネの人だと思い、ある種の信頼感を彼に対して持つのだが、逆にくずさんは、こんな言葉を彼女に投げかけるのである。

「ホンネ」なんてコショウみたいなもんだ。ヤセガマンの「タテマエ」があってこそ意味があるんだ。コショウを山盛りにされて食えって言われたらたまらんだろ？（同上）

すべてはホンネだというのも、すべてはタテマエだというのも青臭さともろさという点ではまったく同じである。ホンネとタテマエの間にわれわれの仕事は存在し、二者択一にならない柔らかさこそが仕事における強さであろう。それを身につけられるかどうかが、仕事人生における本当の勝負なのである。

4　『闇金ウシジマくん』に見る貧困の幻影と現実

格差という言葉

格差という言葉が妙なリアリティーを持ちはじめている。実際、所得格差がどの程度広がっているかは、統計を詳しく調べないとわからないが、少なくとも実感のレベルでは格差は広がっている。もっと正確にいうと、これから格差が広がり、さらにはその格差が逆転不可能な固定したものになると予測している人が増えてきている。

この予測という点が格差問題の本質である。もちろん現在お金に困っている人もたくさんいると思うが、未来に対する漠然とした不安が先行しているのである。つまり、今より貧しくなるという不安があり、そのうえ貧困の底値がわからないから、その不安は煽《あお》られるのである。

では、われわれはどうすればよいのだろうか。資産運用、副業、資格獲得などの予防策を主張するビジネス書は後を絶たない。しかし、なにも不安を煽る商売を儲けさせなくてもよいではないか。

漠然とした貧困の幻影におびえるわれわれに残された選択は、貧困を恐れず、じっと見つめることである。さあ皆さん、とことん底を見つめてみましょうか。

じっと底を見る

真鍋昌平著『闇金ウシジマくん』（小学館）というマンガがある。主人公の丑嶋《うしじま》社長の商売は、違法の闇金である。なにしろトゴ（一〇日で五割）の利息なのだから、ひどい話である。

そんな闇金にお金を借りる人がいるのかと思うでしょうが、いるんですね、丑嶋社長が奴隷くんと呼ぶ人たちが……。

ここで私が紹介したい人は、主人公の丑嶋社長ではない。私が注目したいのは、圧倒的なリアリティを持って迫ってくる債務者たちである。

たとえば、パチンコ依存症の主婦たちがぞろぞろといる。丑嶋社長によれば、普通、パチンコ店は客二〇人に対して一人が勝つ設定だから、通いの素人はまず勝てないのだが、それなのにこんな会話が繰り広げられている。

「今日の血液型選手権、私、一位だったの〜〜」「え――じゃAB型!? 私と一緒だわ〜〜今日は絶対勝てるわね!!」「アハハ」（第1巻より）

丑島社長曰く「楽天的な主婦《バカ》は現実を直視しねェ」だそうです。

ほかにも、見栄っ張りのブランド狂いのOLは、「会社のロッカールームは毎日ファッションショー

真鍋昌平『闇金ウシジマくん』小学館　ビッグコミックス　第１巻 p.19

みたいで、着替えの時にタグチェックが入るから、ブランド物しか着られません」（同上）とおっしゃる。

俺はすごい奴であると勝手に思っているフリーターくんは、自宅で寝転がってマンガを読みながら「つまんねーマンガ！　俺が原作してやりてー　一〇〇万倍おもしろいの作れるよ、マジで！」（同上）と、何も動かないけど心のなかだけで思っている。

彼ら彼女らは、借金を重ねて、その後どうなったか？

……泥沼の地獄が口を開けて待っているのだ。

退屈という地獄

次から次へと多種多様なダメ人間を繰り出してくる作者の想像力には、私も脱帽である。実際、このマンガには貧困の未来図が描かれている。あるいはすでにこれは現実の姿なのであろうか。もうひとつの未来図を探るために、あえて貧しさ＝借金なのかと問うてみよう。

たしかに、債務者たちは貧しいから借金をしてしまうと連想しがちだが、その説明だけでは不十分である。ブランド買いやパチンコさえしなければ、なにも闇金に手を出すことはあるまい。

ところが、なぜか運命のごとく手を出す。

おそらく時間を持て余しているのだと思う。お金はないけれど時間はある。この時間という奴が曲《くせ》者《もの》で、自分にとってまったく意味を見出せないものになっているのだ。取り立てを受ける一人暮らしのおばあさんは怯《おび》えながら次のようにいう。


パチンコやめたら退屈で死んじゃうよォ（第2巻より）

怖い、切実な一言である。パチンコをしていなければ、孤独な自分と向き合うことになってしまう。退屈に耐えながら、単なる時間に人生の意味を見出すには、教養と呼べばよいのだろうか、ある種の才能が必要である。友人や家族と過ごす時間、職場の仲間と協力する時間、趣味の仲間と語り合う時間、それらが人生に意味を与えてくれるのである。

まあ、簡単には手に入らないのだろう。それらは時間をかけて築き上げるものである。しかし、いい換えれば、意味ある時間さえあれば、貧乏を恐れなくてもよいのである。

あなたは、孤独で無意味な時間を一時の気晴らしで霧散させますか。それともきっちり向き合って人生の意味を築きたいですか。

5 『ドラゴン桜』に教わる〝学ぶ力〟の育て方

勉強、好きですか？

長い学生生活を経ていよいよ社会に飛び出したとき、いちばんうれしかったことって何だろう。昔を振り返ってみると、これから学校も、教室も、先生も、宿題も、テストもないぞ、とひそかに喜んだ人は多かったと思う（むろん、社会人として新たに辛いことも生まれるのだが……）。

まあ、あまり前向きな発想ではないが、学校を卒業すれば、たしかにお勉強はなくなる。これは、人生の大変化である。

ところが、そう考えていられるのも、卒業してほんの少しの間だけである。働きはじめれば、たとえ学校がなくなっても、学ばなければいけないことは山ほどあることにすぐに気がつく。

しかし……何を学ぶのかと問われると答えに窮する。新社会人として学ぶ必要性は明確に自覚できるのだが、何を学ぶかは曖昧なのである。

ただし、何かを学ばなければ、成長できないし、そもそも仕事ができないのである。結果が求められる会社という場所で、焦りの感情が広がる。そんなとき、ふと学校時代を思い出す。なんだか昔のほうがよかったな、学ぶことが決まっていたからよかったな、と思い直す人がいるかもしれない。

そう思うならば、今、あえて学校時代を振り返り、仕事と学びを考え直してみよう。

東大受験に学ぶ

東大合格は勉強における最高の目標であり、一部の優等生以外には関係ない世界でもあるのだが、東大を受けなかったほとんどの人にも高い人気を誇るマンガがある。三田紀房著『ドラゴン桜』（講談社）である。東大受験なんて自分には関係ない世界と思うのだが……読みはじめると、アッという間に引き込まれるマンガである。

主人公の桜木建二氏は、型破りな貧乏弁護士である。仕事がない彼は、学校経営破産の依頼を知り合いの弁護士からまわしてもらう。破産する学校は小学校レベルの勉強も理解できない高校生が通う落ちこぼれ高校（龍山高校）であった。

桜木弁護士は、弁護士としての成功を目指して、高校の再建案を考える。それは、徹底した受験指導により、五年後に東大合格者を一〇〇名出す、というとんでもない計画であった。

勉強をはじめる前、桜木弁護士は生徒たちに〝本音〟を伝える。

つまりお前らみたいに頭使わずに面倒くさがってると……一生　だまされて高い金払わされるんだ（第1巻より）

つまり
お前らみたいに
頭使わずに
面倒くさがって
ると……
一生　だまされて
高い金
払わされるんだ

三田紀房『ドラゴン桜』講談社　モーニングKC　第１巻４限目

社会はルールによって組み立てられており、そのルールは頭のいい奴に都合よく作られている。その真実を桜木弁護士は伝える。そして、彼はこう訴える。

自分でルール作る側にまわれっ！（同上）

一人の社会人としても、思わず納得してしまう一言である。

桜木弁護士あらため桜木先生は、全国から勉強のプロを招集し、授業のやり方を変えていく。次々に提示される東大合格の秘訣のなかから、私が感心したものをあげてみよう。

その一　蛍光ペンを引いて、やった気になるな。

その二　教科書を読むときだけではない、街を歩くときも「なぜ」と問いかけて考える癖をつけろ。

その三　あえて教える立場に立つことで詳しく理解できる。違う立場から見ることで自分を客観化できる。

その四　記憶物はスクラム勉強法で取り組め、そのとき他人に対しても責任を負うことを学べ。

これ以外にもいろいろな秘訣が数え切れないほどある。このように抜き書きしながらマンガをあらためて眺めてみると……これって受験という狭い範囲だけに当てはまることではないと、再度、感心してしまう。桜木式勉強法は東大受験だけに当てはまることではないのである。

学び方を学ぶ

実際、サラリーマンは勉強熱心である。その種の勉強本はたくさん売れている。しかし、勉強本が売れることは必ずしもよい傾向とはいえない。なぜなら、勉強しなければ取り残されるという恐怖心から勉強しているからである。だけど、何を学ぶかがわからないのが世の中なのである。

逆説的ないい方かもしれないが、大切なことは、「何を学ぶか」ではなく「どうやって学ぶか」である。正解を見つけることは学び方を見つけるよりもやさしい。桜木先生は、安楽な正解探しに逃げ込むなというメッセージを送っている。学び方を学べば、一人ひとりの答えは後から生まれてくるのである。。

学ぶプロセスの改革こそ、われわれが強く生きるための処方なのである。

6 『エンゼルバンク』に教わる自分の相場を上げる方法

人生二回まで！

二〇代で一回まで、ギリギリ二回まで、三回以上はダメ…。

さて、これは何の話でしょうか？

実は、この回数は転職のことである。二〇代でギリギリ二回までの転職ならば許せるが、三回もしているようでは、その人のキャリア形成は失敗である。もちろん、そもそも転職なんて、しないほうがよいのである。二〇代ですらこんな調子なのだから、当然、三〇代の転職はまったく許されないといえよう。

このような意見にすぐに賛同できない人も多いと思う。転職してキャリアアップした人もいるじゃないか、ヘッドハンティングもあるじゃないか、と。

たしかに、世の中には、転職を希望している人は多いし、転職をサポートするビジネスも大盛況である。もしかしたら、この意見に賛同できないあなたは転職希望者なのかもしれない。

しかし……残念ながら転職はギリギリ二回までという言葉は真実である。なぜ、転職は少なければ少ないほうがよいのだろうか。それを知りたい人におすすめのマンガがある。

転職・桜！

三田紀房著『エンゼルバンク』（講談社）というマンガは、大ヒットマンガ『ドラゴン桜』（講談社）の外伝である。落ちこぼれ高校生を東大に合格させるという受験マンガを成功させた三田紀房氏が、英語教師の井野真々子さん（三二歳）を主人公に転職マンガを描きはじめた。つまり、大人のための転職版ドラゴン桜なのである。これが面白くないはずがない。

先ほどあげた「二〇代で一回まで、ギリギリ二回まで」という言葉は、転職を考えていた井野さんが出会った転職代理人の海老沢康夫さんのものである。彼は、井野さんら転職希望者たちの前で次のようにいう。

30代半ばになって転職考えてる人やめたほうがいいですよ。相場での価値はゼロですから（第1巻より）

厳しい意見である。この相場によって人の価格が決まるという現実は、なかなか直視したくない真実であるが、どちらにしろ逃れられないものである。そして、このマンガは、われわれがそれを直視できない理由を考えるところからはじまる。

英語教師を辞めようと思っていた井野さんは、海老沢氏から相場価値ゼロといわれて戸惑い、相場価値を上げる方法を自分なりに考えはじめる。

彼女が導き出した回答は、「まずは転職しない」という意外な結果であった。井野さんは転職に失敗するタイプについて次のように分析できたのである。

　他の人は今の仕事と別のことをしたいと思って転職活動するからでしょ。もっと違う人生あるんじゃないかって…（同上）

他の人は今の仕事と別のことしたいと思って転職活動するからでしょ
もっと違う人生あるんじゃないかって……

三田紀房『エンゼルバンク』講談社　モーニングKC　第1巻キャリア2

　今の仕事の継続は将来の〝元金〟になる。その元金を使って利息を得るのが相場を上げる方法ならば、今の仕事と別のことをしたいという希望は、元金をドブに捨てることであろう。つまり、「人生にリセットなんてないさ…」（同上）というわけである。だから、転職は少なければ、少ないほどよいのだ。

今の仕事を続ける大切さに気づいた井野さんであるが、このままではマンガが完結してしまう。彼女は、海老沢氏の下で転職代理の仕事をすることを選び、転職希望者支援の仕事をはじめるのである。

相場との格闘は、右向け左

海老沢氏がいう相場とは、不特定多数の他者による評価であろう。転職活動に自分本位という欠点があるならば、相場はその欠点を顕在化させる。転職希望の私＞相場の私、という関係式をわれわれに突きつけてくるのだ。

では、われわれは相場に従うしかないのか。転職希望者にリベンジのチャンスはないのであろうか。私は、自分本位は失敗としても、他人本位でも未来は切り開けないと考える。不特定多数の他者に合わせるという他律性はいつも〝遅れ〟を生むからだ。

相場はつねに変動するものなのだから、むしろ逆なのである。われわれは次のようなセリフを腹の底から理解しなければならない。


世の中の人とは逆の発想をしなくてはならない。わかりやすくいえば全員が右向いた時は左を向け！　ということ（第2巻より）

相場という大勢の他者を認識し、自分を他者の側から眺められることはたしかに必要である。しかし、それだけでは戦いの準備ができただけである。「世の中で本当に大切なルールは明文化されていない」（第３巻より）ならば、他者を意識しつつ、他者と違うことを大胆に選択できる勇気が大切としかいえないし、それを理解するしかないのである。

その勇気の中身が理解できない、といわれる読者も多いと思う。そんな人のために、井野さんの活躍が読める『エンゼルバンク』があるのです。

7 『最強伝説黒沢』に見つける直球勝負の元気

「勝ち組」「負け組」

ここ数年、「勝ち組」「負け組」という言葉が世間一般でよく使われるようになった。もっとも、「勝ち組」「負け組」の語り口はそれぞれ異なる。大きく二種類に分けられるのではないだろうか。

第一に、あなたも「勝ち組」になりませんか、という勧誘口調のものがある……ただ煽《あお》るだけで、自分の自慢話だけが語られている。

第二に、こんなことをしていると「負け組」になっちゃうよ、というお先真っ暗な未来を語るものがある……これもまた不安を煽るだけにとどまる。

後者を読んで不安になったら前者を読めというわけだが、さすがに何度も自慢話を聞いていれば、どうせ自分は違うと落ち込むしかない。結局、後者も読むことになるのだから、堂々めぐりである。

こんないい回しが最近広まってきたのは、多くの人が将来の見通しに対して不透明さを感じているからである。まず、うすぼんやりとした不安が前提にあって、「どうしても勝ちたい」というよりも「ただ負けたくない」という恐れが蔓延しているのだ。

ハードワークの世界

福本伸行著『最強伝説黒沢』（小学館）というマンガがある。主人公は、題名にもあるように独身中年男、黒沢である。彼の職場は工事現場だ。高校卒業から二六年間、来る日も来る日も穴平建設に通い続けてきた。

四四歳にして黒沢はふと思う。「気がつけば…何も得てねえっ…！　歳だけだ…！　得たものと言えば齢だけ…！　あと…腹…！　しわ…！　老眼…！」（第1巻より）と。

チェーンの居酒屋で夕飯がわりになんこつ揚げを頼み、それをライスにかけてビールと一緒に食う。そんな日常のなかで黒沢は次のようにつぶやく。

…オレは親でもなければ父でもない…つまり……親父《オヤジ》じゃない。ただ齢《よわい》を重ねただけの男……（同上）

そういわれても、「そんなことないですよ」と慰めづらいところが厳しい。でも、多かれ少なかれ人生ってそんなものだともいえる。誰だって能力ないから、要領悪いからと言い訳しながら生きている。それでも気になって本屋さんでは「勝ち組になるための……」、なんて本を手に取ってみたり……。

福本伸行『最強伝説黒沢』小学館　ビッグコミックス　第1巻

　ここで、このマンガの題名をもう一度読み直してほしい。最強伝説である。なぜ、黒沢が最強なのだろうか。その理由を探ろう。

　まず黒沢は、不安をうやむやにせずに直視する。もがき、苦しむ。ただ、正直にいって、黒沢は要領が悪い。だから、たいへん申し訳ないのだが、笑ってしまう失敗が続くのである。たとえば、黒沢は真面目に思う。

せめて仕事仲間には……分かって欲しい……！　オレの善《よ》さ……！　素晴らしさを……！　そうだっ……！　臆面もなくオレは言おう……！欲しいっ……！　欲しいっ……！　欲しいっ……！人望が欲しいっ……！（同上）

無言の絶叫である。黒沢は、職場の仲間に慕われるためにアジフライの差し入れを、こっそりみんなの弁当箱に入れておく。しかし……これじゃ気持ちが悪いのでは……。案の定、職場の仲間から避けられる結果に……。笑っちゃいけないのだが、思わず笑みがこぼれてしまう。

不安を直視

職場からも浮きまくってしまった孤独な黒沢の唯一の心の支えは、工事現場の誘導ロボット、太郎である。太郎という名前は彼が勝手につけただけだが……。黒沢は、自分もロボットと同じだと思う。

その仕事は…日の当たらない…出来てあたりまえの…単純作業…！　注目や喝采なんか…無縁…！　創造性もゼロ…！　誰がやってもまあ…同じ…そんな…名前のない仕事…！　たいした仕事じゃない…！（第2巻より）

黒沢は、仲間を前にしてついに絶叫する。「太郎～！　自分の役目をやりとおす太郎を誰が笑えるのか～」と。なんで機械に感情移入しているの、と突っ込みたくなるが、人目をはばからない絶叫は、不思議と職場仲間の心をとらえた。

そう！　職場の仲間も太郎（＝黒沢）と同じく無意味な評価のない日々を抱えていたのである。うすぼんやりとした不安を抱えつつ、それを直視せずに、なんとなくこれでいいやとやり過ごしている皆さん。それが大人というものなのだろうが、それでいいのか。

不安を直視できる黒沢は強いぞ。かっこ悪いけど、感動的だぞ。いつの間にか最強の黒沢を応援している自分に気がついたとき、なんだか元気の源をもらえた気がした。

8　『賭博黙示録カイジ』に教わる自律という感覚

自律は教えられるのか？

世の中では、いつの間にやらキャリア・ブームらしい。さまざまな場でキャリアという言葉が使われている。

キャリアに関心が集まるということは、キャリアの見通しが不透明な人が多いからともいえる。不透明だからこそ自らキャリアをデザインする必要性が高まるのである。

このブームの影響なのだろうが、私のような者にまで講演依頼がやってくる。キャリアを取り巻く社会環境とキャリアデザインについて、というあまりにも大きなテーマでの依頼が多い。もちろん私には力不足であるが、仕事人と直に会うのが楽しくて、できる限り引き受けている。

私の話術は他人を引きつけるものではないと思うが、質疑応答の時間には何人かの人が質問をしてくれる。うれしい時間である。

しかし……正直にいうと、その質問のなかには脱力感を感じるものもある。

「先生のお話、感銘を受けました。で、私は転職を考えているのですが、今後どんな仕事がおすすめですか？」と何の迷いもなく聞かれると、思わず、あれ、私の話を聞いていた人なのかといいたくなる。

キャリア形成の充実度を判断する基準に自律がある。自律とは、自分で自分をコントロールするという意味であり、自律的なキャリア形成はひとつの理想である。

もちろん、そのような自律性が今の社会で成立しにくいことは、現実である。でも、だからこそ、自律的なキャリアデザインの必要性を話したのに、早くも私に「正解」を聞きにきている。それじゃ、あなた自律的じゃないでしょ。

まあ、その言葉はぐっと飲み込んで、ここでは自律問題の解決方法を考えてみたい。

他人任せの人生

福本伸行著『賭博黙示録カイジ』（講談社）というマンガがある。主人公の伊藤開司（カイジ）くんは無職の青年である。金がなくなればアルバイトもするが、その金もケチな博打としょぼい酒で消えていく。

カイジくんの生活が急展開するきっかけは、借金である。それも自分の借金ではない。知人の借金の保証人になったばかりに、三八五万円を背負うことになったのだ。ひどい話である。ところが、取り立てにきたヤクザはいう。この借金を帳消しにする方法がある、と。

さて、ここからが、このマンガの面白いところである。借金まみれの人間を集め、ギャンブル大会

福本伸行『賭博黙示録カイジ』講談社　ヤンマガKC　第1巻 p.183

を行なう。勝てば借金帳消しだが、負ければ強制労働、臓器売買……。

カイジくんはそのギャンブル大会に参加する。そして開始早々、コンビを組んで闘おうと近寄ってきた船井という男に裏切られてしまう。彼は、絶望のなかで「なんで、あんな奴を信用しちまったんだ」「なぜ自分で考えなかった……？」（第1巻より）と反省する。

その反省はカイジくんにとって貴重な経験だ。彼は自分の人生を振り返りながら、こんなことをいう。

> 進学や就職、そういう人生の岐路でその判断を他人に委ねてきたことを思い出す…これはオレの性癖なのだ……苦しく難しい決断になると投げちまって、それを他人に預

ける。自分で決めない。そうやって流され流され生きてきた。その弱さがこの土壇場で出た……この結果は言うなら必然。これまでのオレの人生のツケ……！（同上）

このセリフには、われわれもドキリとさせられるではないか。

痛さを伴う教育

自分で考えることは意外と難しい。自分では、考えていると思いながら本当は考えていないのである。カイジくんは、賭博のなかで考えはじめた。彼にとって、賭博は学びの場でもあったのだ。べつに私は、「皆さん、賭博をしましょう」とすすめたいわけではない。もっと当たり前のことを確認したいだけだ。つまり、痛さがあるから本気になる。そして本気になるから学べるという真実である。

賭博には、リスクという痛みが伴う。その極限状況がカイジくんに気づきを与えた。自分で立つことの不安と充実感が目の前にあったのだ。彼は、大勝負の直前にこういう。

こんな簡単なことに、ここまで追い詰められなきゃ気が付かねえんだから、本当に愚図でどうしようもねえ……！　でも気が付いた………遅まきながら気が付いたんだ………耳を傾《かたむ》けるべ

きは他人の御託《ごたく》じゃなくて自分……オレ自身の声、信じるべきはオレの力……！（第３巻より）

これこそが自律という感覚なのだと思う。なんでこんな簡単なことに気づけないのかとカイジくんはいうけれど、われわれにとってもその気づきは最も難しいことである。

自律とは、頭でわかるのではなく、お腹でわかる感覚なのである。

9 『まだ、生きてる…』に発見する楽より孤独を選ぶ生き様

楽と無駄

高齢者の生き方が見つからない。見つからないというよりも、社会は積極的に隠蔽している。

定年後の豊かな生活を煽《あお》るメディアが存在する。趣味や旅行、楽しい余暇に力を入れろというメッセージであるが、実際のところ、われわれはその生活は実現不可能な憧れであることに気づいている。

一方、高齢者の不安を煽るメディアも存在する。病気、保険、貯金における未来の暗さを取り上げる。不安の影に怯《おび》えているといえばよいか。

不安と憧れは、結局のところ、本質を隠すという意味では同じである。高齢者の生活がいかに楽しいものであろうとも、もしくは苦しいものであろうとも、それは頭の中の世界である。

むろん、誰しも苦よりも楽を求める。しかし、その楽が苦から逃れたいだけであるのならば、楽は無意味なのである。

高齢者になることが、既存の役割を失う過程であるならば、楽になることは喪失でしかない。楽しさが喪失の隠蔽であるならば、今、高齢者の生き方はどこにあるのか。

生きるだけの生活

本宮ひろ志著『まだ、生きてる…』（集英社）というマンガがある。主人公は、定年を迎えた六〇歳の元サラリーマン、岡田憲三さんである。

目下、憲三さんは再就職に向けて活動中である。彼は、経理一筋でコツコツ働いてきたとはいえ、コンピューター導入の波に乗れず、そろばんで仕事をしてきた。さらに六〇歳にして、糖尿病と高血圧の生活習慣病持ちである。残念ながら彼を雇う企業はない。

そんな憲三さんに突然の転機が訪れる。なんと妻と子供が、全財産を持ち出し、音信不通になってしまったのだ。定年とともに妻と子に捨てられた男、岡田憲三…。絶望からの再出発はあるのか。

憲三さんは、山で首つり自殺を図るのだが、偶然、枝が折れて助かる。一命を取り止めた彼が故郷の山から昇る朝日を見ながらいったセリフは、彼が自分の世界を変えたことを伝えてくれる。

　この世の中で…死なない人間なんて一人もいないんだ。こうなったら…死ぬまで生きてやるか

世界を変える、とは大げさないい方であるが、実際、憲三さんが一人で山のなかで生きてみようと思ったとき、世界も彼自身も変わった。

たとえば、山中でたき火をしていた憲三さんを不審に思った警察官の心ない対応に、彼は生まれて

はじめてキレる。その迫力に思わず謝ってしまう警察官を見ながら、彼は「俺の視界から初めて見る風景だ……」と思うのである。

そして、憲三さんの生活は彼自身がいうようにシンプルになった。

「食うことだ……これから考える事は食うことだけでいい……」

本宮ひろ志『まだ、生きてる…』集英社
ヤングジャンプ・コミックス

さて、食うだけの生活、生きるためだけの生活は、退屈で、無意味な生活であろうか。

否、断然否。

それを確認したかったら、憲三さんの顔の変化に注目してほしい。『サラリーマン金太郎』や『男一匹ガキ大将』の作者は、覇気のないダメサラリーマンだった男の顔を徐々に変えていく。見事な描写力である。

精悍《せいかん》、頼もしさ、勇気、覚悟、やさしさを身につけた憲三さんには、同じように自殺を図ろうとした若い女性との共同生活というちょっと色っぽい変化もあるのだ。

避ける、それとも生きる

自殺を図った女性は、憲三さんのもとで元気になり、自殺の原因となった男との子供（なんと憲三さんが取り上げた）と一緒に生活する。

このように書くと、憲三さんに家族のような温かい生活が訪れたと思われるかもしれないが、ちょっと違う。この違いをここで書かなければ、男を描かせたら当代一の本宮ひろ志氏に怒られてしまう。

子供が四歳になったとき、母になった女性は、憲三さんに山を下りないかという。母として考えた結果である。「どんな事をしても憲三さんと太郎は、私が働いて食べさせていきますから」という言葉は、彼の次の言葉によって否定される。

わしは…この山を下りる気はない！　それは山に入った時に決めた事でな。そして辛いとも苦しいとも思わん。わしの一生の中で一番幸せな時間を過ごしている。心底そう思っているんだ！

わしの生き方を邪魔せんでくれ

憲三さんは孤独かもしれない。そして、彼に訪れる突然の死も孤独である。

しかし、このマンガに感動した私は、あえていいたい。楽しさは孤独を紛らわすだけかもしれない、孤独であっても、かっこいい生き様はある、と。

憲三さんに訪れた生き様の変化は、われわれにいかに生きるかを問いかけている。

第2章　仕事の語りを聴く

語りとは、一見単純そうに見えて複雑な現象である。たとえ同じセリフであっても、誰が、どんなタイミングで、どのようないい方をするかによってその意味は変容する。これは、あらためて考えると不思議議である。意見は同じでも納得できない語りもあるし、意見は違っても納得できる語りがある。語りは、言葉の意味を超えた「言葉の世界」なのである。

仕事の語りは、どんな単純な言葉であってもその意味が深まることが多い。それもそうだろう。仕事経験と仕事語りはセットであり、経験が語りを深めるからである。

この仕事語りの本質を知ったとき、語りからはじまり仕事経験へと向かう方法もあると気づいた。仕事マンガの楽しみは、お気に入りのセリフ（語り）探しにあった。もちろん、セリフだけを抜き出すのではない。われわれは、主人公と職場、そして仕事経験もひっくるめて「セリフ」を味わうべきである。この章では、仕事マンガの中のさまざまな職場を取り上げたのであるが、読者には「セリフ」を味わいながら多様な仕事経験を間接的に体験してほしい。

1 『風子のいる店』で再発見する〝にぎやかな〟仕事世界

人生はじめての仕事

教育機関では、キャリア教育が注目を集めているらしい。どこの大学でも、就職部がなくなり、キャリアセンターという部署に置き換わっている。

それで、具体的に何が変わったのですかと問われると、答えに困ってしまう。ほとんどの大学では、名前が変わっただけなのかもしれない。

あえて違いを強調すれば、就職部は大学三年生後半からはじまる就職活動だけをサポートしていたが、キャリアセンターは四年間の学生生活全体をサポートし、学生たちに卒業後の仕事人生を考えてもらおうとしている。つまり、キャリア教育は就職活動の前後に広がりをもった活動なのである。

それで、具体的にどんなことをするのですかと問われると、これまた答えに窮する。インターンシップや社会人による講話あたりが一般的に行なわれていることであろうが、どの程度の普及が見込めて、どの程度の教育効果があるのかはハッキリしない。キャリア教育の広がりと曖昧さに、学生たちを前にして呆然としている大学関係者も多いと思う。

しかし、それほど慌てる必要はないのである。学生の身近なところにキャリア教育の素材は転がっている。それは、アルバイトである。

「なんだ、アルバイトか」と侮《あなど》らないでほしい。アルバイトは人生ではじめての仕事であり、あくまでも〝お客様〟として短時間滞在するインターンシップよりもはるかに濃い体験なのである。

職場という逃げ場

岩明均著『風子のいる店』（講談社漫画文庫）というマンガがある。主人公の有沢風子ちゃんは、ロドスという喫茶店でウェイトレスをしている真面目な高校生である。バイトを禁止している学校も多いなか、真面目な彼女は、なぜバイトをはじめたのであろうか。

実は、風子ちゃんは、内向的な性格で人と話すときにどもってしまう。そんな彼女に友だちや先生から浴びせられた言葉は、「迷惑……」であった。彼女は、「迷惑がられていじめられるより、無視されたほうが楽だ」（第1巻より）と心の中でつぶやく。

では、学校に居場所がない子は、どこに居場所を求めるのだろうか。

風子ちゃんが求めたのはロドスという職場である。もちろん、ウェイトレスの仕事は接客なので、当然彼女は失敗続きである。しかし、たとえ失敗しようとも、彼女にとって喫茶店は学校と異なる世界、つまり逃げ場という居場所であった。

もちろん、単なる逃げ場というだけでは、風子ちゃんの都合を押し通しているだけであろう。彼女

岩明均『風子のいる店』講談社　講談社漫画文庫　第1巻 p.14

を厳しくも温かく支える周りの大人がいてこそ、彼女の逃げ場は働く場所へと変わっていく。

たとえば、大学入試の時期になり、アルバイトを一時お休みする風子ちゃんであったが、彼女は、大学の推薦入試に落ちてしまう。一般試験で再度受験しなければならないのだが、自信を喪失している彼女は、アルバイトを再開したいといい出す。そんな彼女にマスターは厳しくいう。

今は、やらなきゃならないことがあるんだろ？　ここは…逃げ場じゃないよ…（第4巻より）

一方、大学生アルバイトのみさ子さんはある意図もあって次のようにいう。「まあそういわずに、一緒にやりましょう、風子さん」（同上）と。アルバイトを再開して風子さんは気づく。不合格という事情を知らなくても、多くの常連さんは、彼女の顔を見ただけで心配してくれたのである。

結局、風子ちゃんは何かに気づき、アルバイトの再開をたった一日で取りやめる。お客さんとの関係が彼女に自信を取り戻させたといえよう。そう、みさ子さんも、彼女が気づくことを見越して、一日だけの仕事再開をすすめたのであった。

仕事は世界への扉である

アルバイトを通して風子ちゃんが学んだことは、他者との本当の距離感をつかめたことであろう。彼女は仕事を通してお客を観察し、そしてお客も彼女を眺めている。

二年間も働いたロドスの退職パーティーのとき、風子ちゃんのために集まってくれたお客さんを前にして彼女はアルバイトの仕事を振り返り、次のように思う。

高校に入ったばかりのころの、あたしは……人前では、ほんとしゃべれなかった……友達も少なく……あのころは大勢が集まっている場所があまり好きじゃなかったんだ……でも今は、このにぎやかさが好き！（同上）

〝にぎやかな世界〟は、均質な世界でも、たった一人の世界でもない。それは、風子ちゃんが二年間のアルバイトを通して、ゆっくりと見つけてきた世界なのである。

2 『ヘルプマン！』に見つける隠された仕事の語り

好きな仕事ですか？

さまざまな分野で活躍する職業人たちのキャリアを調べている。他人のキャリアを聞くことは、私にとって仕事でもあるが、楽しい作業である。

仕事の成果を自慢しながら、本心では自分の仕事を軽蔑している人もいれば、「たいした仕事ではない」と謙虚に語りながらも、ひそかな自負を感じさせる人もいる。

仕事の語りは一筋縄ではいかない複雑なものである。自分の仕事人生にひそかな自負や喜びを持っている人と出会い、仕事の意味を聞くことは、われわれに大切な経験知を授けてくれると思う。

ところが私は、他人の仕事の語りを聞くことは大好きなのだが、反対に自分自身が聞かれる立場になると困ってしまう。年をとれば、若者から仕事について意見を求められることも多くなるのだが。

「なんでこの仕事を選んだのですか？」とか、「仕事の面白さって何ですか？」とか、若者から率直な質問をされると、ふと我が身を振り返り、答えがたさを感じてしまうのである。仕事経験は、聞くことも難しいが、語ることはもっと難しいのである。

私にとって仕事を語る難しさは、語ることがないという意味ではない。むしろ語りたいことはたくさんあるのだが、何かを語り出したとたん、語り忘れた感じを抱えてしまうのである。

たとえば、「今のお仕事が好きなのですね」と聞かれて、「そうだね」と答える。しかし、「面白い仕事を見つけられてよかったですね」といわれると、「辛いこともあるさ、ちょっと違うんだよね」と答えたくなるのである。

おもしろいけど、おもしろいだけじゃない。おもしろくて好きという言葉に慌てて付け加えたくなるのは、どんな語りであろうか。

世の中と自分の間

くさか里樹著『ヘルプマン！』（講談社）というマンガがある。主人公の恩田百太郎くんは、高校三年生である。留年し、現在卒業も危ぶまれる百太郎くんの目下の悩みは、将来の進路に対する漠然とした不安である。

　　あ―――あ　卒業したくねェ（第１巻より）

こんなことをいっている高校三年生は、世の中にたくさんいるのだろう。要するに、世の中と自分の距離がつかめていないのである。今、百太郎くんが好きなことといえば、幼なじみである神崎仁くんとの無駄話くらいである。しかし、楽しい仲間との世界では、彼の仕事は見つからない。仕事とは、自分と世の中を激突させながら見つけるものだからである。

悩める若者である百太郎くんが世の中と出会うのは、偶然、街中で迷子になっていた老人、それも認知症の老人を手助けしてからである。そしてその老人が入っていた老人ホームには、なんと幼なじみの仁くんが勤めていたのである。

老人介護の世界との出会いは、百太郎くんにとって強烈な体験であった。彼が助けた認知症の老人の長沼重造さん（重ちゃん）は、老人ホームで身体拘束を受けていた。彼は、憤りながら「無事だったら何をしてもいいのかよ!!」（同上）と叫ぶのであるが……百太郎くんの正義感は現実の厳しさの前にもろくも崩れ去るのである。

介護は大切だと安易にいうなかれ、オシッコ、ウンコのお世話も含めた重労働なのである。そのうえその労働には昼夜の区別がない。百太郎くんは、世の中という現実とはじめて出会い、世の中との遠い距離に気づいた。彼は、次のようにいう。

オレにわかることは……こんな世界、見たくなかったってことと……おむつを上手に替えて重ちゃんを抱き起こして介護のこととか何でも知ってる仁がかっこいいってことだけだ！（同上）

隠された仕事の語り

百太郎くんが新しく抱えた悩みは、今までの曖昧な悩みとは大きく異なる。その悩みは、彼を介護という仕事の世界に飛び込ませた。

老人介護の仕事の辛さとは、肉体的疲労だけではない。認知症の老人からは、自分の仕事の評価が返ってこないのである。一生懸命に仕事をしても「あなた誰？」なのだから、老人介護は孤独な仕事である。

くさか里樹『ヘルプマン！』講談社　イブニングKC　第1巻 p.112 ©くさか里樹／講談社

しかし、百太郎くんにとって仕事とは辛いだけのものではない。べつに彼は、意地になって介護の世界に飛び込んだわけではないのである。彼は、認知症のお婆さんがふと漏らした「生きててよかったわあ」という一言に喜びを感じることができる自分を発見したのである。

こんな発見の意味を簡単に伝えることは難しい。百太郎くんだって「仕事って辛いさ、仕事選びも偶然さ」と答えるかもしれない。

しかし、「でもね……」とその後に続く語りに耳を傾けたいし、私自身も誰かに語ってみたいと思う。仕事には隠された語りが存在するのである。

3　『コンシェルジュ』に教わる仕事で感謝される喜び

仕事選びの重圧

仕事探しに悩む若者が多くなったといわれている。実際、悩みすぎて袋小路に入ってしまう若者たちもいる。

昔は、仕事選びよりも会社選びであった。その会社だって、大きいとか、有名だとか、安心だとかの世間の評価で選ばれている。そう考えると、将来の仕事を真剣に考えることはけっして悪くない。自分の仕事を探している若者たちと出会うと、プレッシャーになるので面と向かってはいわないが、心の中ではガンバレと応援している。

何も考えず、流れに身を任せて会社を選ぶならば、結局、おじさんやおばさんになってから悩むことになる。自分の若いときの選択を三〇年後に悩むなんて嫌だ。今じっくり考えることは、まわり道かもしれないが将来を見据えた大切なステップなのである。

ところで、彼ら彼女らの話を聞いていると、とても気になる言葉がある。

「自分らしい仕事を見つけたい」という言葉である。もちろん､そう思うことは誤りではない。しかし、仕事経験なしに仕事に自分らしさを求めることはとても危険なことではないか……。

サービスのプロ

自分らしさについて考えるために、いしぜきひでゆき原作・藤栄道彦漫画『コンシェルジュ』（新潮社）というマンガを取り上げよう。

コンシェルジュとは聞き慣れない言葉である。実は私も、書店でこのマンガを手にするまで、コンシェルジュがホテルにおいて宿泊客のさまざまな要望に応えてサービスする仕事だとは知らなかった。たしかに宿泊客は慣れない土地にやって来る。観光やビジネスの相談役がいれば便利であろう。

主人公の川口涼子さんは、就職氷河期の最中、どうにかホテルに就職できたのだが、いきなりコンシェルジュに配属されてしまう。客は、さまざまな注文を持ってくる。ときにはわがままとしかいえないような要望もあり、右往左往である。

なんとか就職できたのだから、贅沢はいえないけれど、つい彼女はこう思ってしまう。

コンシェルジュって思ったよりつまらない仕事ですね。だって毎日毎日レストランの紹介とか…乗車券やお芝居のチケットの手配ばっかり！　電車やバスの時刻表や発車場所も一日に何回も同じことを言わなくちゃいけないし（第1巻より）

顧客サービスって、誰にでもできる繰り返しの仕事なんだろうか。そんな悩める川口さんの目標になるのが、チーフコンシェルジュの最上拝氏である。彼はこう答える。

　私達にとっては同じことの繰り返しでも、一人一人のお客様にとってはそうではありません。舞台の役者さんは一日に何回も同じ演技をして、そのつどお客さんを感動させるでしょう？（同上）

最上氏は、伝説のコンシェルジュと呼ばれた男であった。

いしざきひでゆき・藤栄道彦『コンシェルジュ』新潮社　BUNCH COMICS　第１巻

　たとえば、こんな要望もある。数十年前に日本に来たとき、定食屋のおばちゃんに出してもらったステーキをもう一度食べたいとか、毎年ホテルの二九階から眺めていた今は人手に渡ってしまった実家について調べてほしいとか……こんな無理難題も彼の手にかかれば解決である（どうして解決したかを知りたい人は、このマンガを読んでください）。

ありがとうといわれたい！

コンシェルジュの仕事は、一見すると、人からいわれたことに従うだけに見える。だからこそ、川口さんのように誰とでも取り替え可能な仕事だと思ってしまっても不思議ではない。

しかし、帰り際、お客さんから「ありがとう、また泊まりに来るよ」といわれたら、あなたがコンシェルジュならばどう感じるのだろうか。

ありがとうの言葉は仕事への感謝ではなく、あなた自身への感謝である。だから、きっとうれしくなるのだと思う。そして、自分らしさはそのとき、その場所で生まれているのである。

われわれは、仕事自体に自分らしさを求めるべきではない。はじめから自分らしい仕事があるのではなく、仕事のなかから自分らしさは作り出されてくるのである。

4　『どんまい！』に見つける仕事の魔法

高齢社会の新しい仕事

今後、日本は高齢社会にどんどん突入していく。平均寿命が延びるうえに少子化が高齢化に拍車をかけている。

実際、世の中では少子高齢化の進展を憂う発言が多いのだが、私は、年齢による区切りはあまり意味がないと思っている。雇用環境の問題はあるが、六〇歳以上を高齢者であると一方的に位置づけ、勝手に引退した人間にしてしまうのは大反対である。会社を定年退職した後にも、元気に働く高齢者はたくさんいるのである。

他方、病気などで介護が必要となってしまう高齢者もいる。そのような高齢者に対して、われわれの社会はいかにあるべきなのか。

高齢者は今まで苦労してきたのだから、楽にしてあげれば、ちゃんと介護してあげれば、と考える人も多い。たしかに、介護産業の育成は政府レベルでもいろいろと議論されている。

でも、楽ならば満足であると考えるのは、老いを恐れるあまり、介護の本質を隠蔽する発言である。

ちょっと待ってほしい。介護産業についてあれこれいう前に、まずはその仕事について教わりましょうよ。

一緒に介護！

介護という、暗く、重いと思われがちの職場を真正面から取り上げたマンガに、矢島正雄原作・若狭たけし漫画『どんまい！』（集英社）がある。主人公の里美優ちゃんは、元気だけがとりえのドジな女の子。介護福祉専門学校を卒業したばかりの新米ホームヘルパーである。

まずは、優ちゃんの日々から訪問介護の仕事を学ばせてもらおう。

第一に、介護の仕事は重労働である。身体麻痺がある場合、身体介護が必要になるのだが、食事や着替え、入浴、清拭、整髪などはまさに力仕事である。第二に、排泄介護やオムツ交換などの介護には、相手に不快感を与えないきめ細かい仕事が求められる。

さらに、お年寄りの独り暮らしの場合、生活援助が必要である。食事を作ったり、お掃除をしたり、家事全般をテキパキとこなさなければならないのである。

その点、優ちゃんは、料理は下手で仕事はガサツであり、とにかく要領が悪い……。では、優ちゃんは、ホームヘルパー失格なのかというと、実はそうでもないのである。なぜなら、この仕事で何よりも大切なことは介護を受ける人たちの心の問題だからである。

誰も好き好んで介護を受けているわけではない。病気や事故で介護を受けなければならなくなったとき、人は孤独を感じ、ときには偏屈になったりする。だから、人の心の中へスッと入っていける素直さ、暗い気分を吹き飛ばすような天然の明るさこそが介護の仕事には絶対必要なのである。

たとえば、優ちゃんの介護を受けた桃山繁さんの言葉を紹介しよう。

……楽して生きたいとか苦労したくないとか、そういうことは、もうどうでもいいと……
それよりも優クンに料理を教えながら一緒に作ったり、街の話や昔の話なんかをしていると…自分は「終わった人間」じゃなく、必要とされている人間なんだと…「今日も一日この街に自分が存在したんだ」という事を実感できた（第1巻より）

矢島正雄・若狭たけし『どんまい！』新装版　集英社　ジャンプコミックスデラックス　第1巻

桃山さんは、マッサージも料理も失敗し、ただ地元商店街の買い食い話に盛り上がってしまう優ちゃんの介護を受けたいといってくれた。彼女は、高齢者たちを介護してもらうという受け身の立場から社会へと連れ出してくれるのである。

希望の言葉

ところで、なぜ優ちゃんは介護の仕事をがんばり続けているのか。彼女にその理由を教えてもらおう。

寝たきりだった高島精十郎さんの介護を続けながら、三ヶ月目にして出た彼の言葉に優ちゃんは仕事の喜びを感じるという。その会話を以下にあげてみよう。

「いい天気だね…」「はいっ！　そうですね。今日はとっても気持ちいい青空ですよっ！」「……なんだか…外を散歩したくなってきたな…」（第2巻より）

なんだ普通の会話じゃん、と思わないでほしい。もう一度外の空気に全身で触れてみたいと思うことは生きる喜びそのものへの欲求なのだから、優ちゃんにとって高島さんの言葉は希望の言葉なのである。

介護の仕事はたしかに辛い。しかしその仕事は、普通の会話を素敵に変えてくれる。仕事に一生懸命になると、仕事はこんな魔法のような幸せを分けてくれるのである。

5　『大使閣下の料理人』に教わる仕事のこだわり

こだわりの罠

世の中には、いろいろな職場があり、さまざまな仕事が存在しているが、仕事をしている本人自身が今の仕事に満足し、自分の仕事にこだわりを持っていることは少ないと思う。実際、自分の職場や仕事に不満を感じつつ、生活のためと思って仕事を続けている人は多いのだろう。

もちろん私は、生活のためという理由をむやみやたらに批判したいとも思わない。仕事には、労苦に対する金銭的対価という側面が必ず存在する。

だが、その一方で、こだわりを持てる仕事に憧れる人が多いのも事実である。誰とでも取り替え可能な仕事ばかりだから、みんなが自分を表現できる仕事に憧れる。自己表現といえば、芸術家のような仕事を想像してしまうが、そんな大げさな話ではない。仕事の成果にほんの少しこだわりが持てれば素晴らしいと思う。

しかし――。ここで私が語りたいことは、こだわることの難しさや素晴らしさだけではない。仕事へのこだわりにはある種の危険が伴うことにも留意したい。

自分の仕事にこだわりましょう、といういい方では不十分なのである。

料理人の気持ち

西村ミツル原作・かわすみひろし漫画『大使閣下の料理人』（講談社）というマンガがある。主人公の大沢公さんはフランス料理の料理人である。なぜ彼が、大使閣下の料理人であるかというと、ベトナムに赴任する大使の公邸料理人募集に手をあげたからである。

公邸付き料理人と聞いて家庭料理を想像してはいけない。公邸では、地元ベトナムの要人はもとより、各国の代表者をお呼びした宴が昼夜行なわれている。食事会は、料理を通じた国際交流の場であり、しのぎを削る外交の現場なのである。そう考えるならば、「公邸料理人は料理人の日本代表なのです」（第1巻より）という倉木大使の言葉にも納得できる。

マンガのなかで公さんの料理を味わってみて思ったのは、彼の料理が単なる高級料理の接待とは根本的に違うということである。彼は、ベトナムの市場を歩き、ベトナム人の生活を感じ、理解し、理解したことを自分の料理に活かしている。高級食材が手に入らないベトナムで、公さんがそんな困難な試みを続けようと思った理由とは何なのか。

公さんが勤めていた東京銀座の一流ホテルでは、毎夜大規模なパーティーが行なわれていた。彼の悩みは、お客さんの顔が見えないことであった。彼は次のようにいう。

完全分業制で何百人分もの料理を次々と組み立てていく。どんなお客さんが食べているのかなん

て、僕たちには見えないわけです（第1巻より）

自分の気持ちを伝えるために、お客との距離を縮めたい。そんな気持ちが公さんにベトナム行きを踏み切らせたのである。

皿の上の会話

公さんには、自分の料理へのこだわりがある。ただ、たしかに彼はこだわっているが、彼の気持ちを深く理解するためには、ホテルの総料理長が彼に問いかけた言葉にも耳を傾ける必要がある。総料理長は、もしお客との距離を縮めたければ、小さなお店を開くしかないという。

もし店が持てたとしてもここみたいに最高の食材をふんだんに使うなんてぜいたくはまず不可能だ。最高の食材を知ってしまったおまえが、貧弱な食材で満足することができるのか？（同上）

この問いかけは、仕事へのこだわりをぐらつかせるかもしれない。なぜなら、最高の料理を目指すならば、最高の食材を欲しがるのは料理人の心理であり、自分の料理にこだわればこだわるほどよい食材を求めるといえるからだ。次に、公さんの答えを聞いてみよう。

西村ミツル・かわすみひろし『大使閣下の料理人』講談社　モーニングKC　第1巻p.141 ©西村ミツル・かわすみひろし／講談社

> 最高の食材を使っていても気持ちのこもっていないスカスカの料理よりは、ありふれた食材だけど気持ちのいっぱいこもっている料理の方がいいと思います（同上）

私にとって、この二人の問答から教わることは多い。料理自体にこだわる総料理長に対して、公さんは料理をするという行為（＝仕事）にこだわりを持つ。

こだわることの微妙な差異に気づきたい。公さんのこだわりには、仕事を通じて他人と関係を持つという仕事の本質が隠されている。自己満足のこだわりとは違うのである。「この国の人たちと皿の上で会話がしてみたいと思います」（同上）という公さんの言葉を聞いてそう思った。

そう、会話によって仕事へのこだわりは鍛えられるのである。

6　『あんどーなつ』に教わる素晴らしき職人世界

懐かしくも、新しい世界

職人世界の話が大好きである。伝統の技を見たり、職人の修業経験を聞いたり、匠の伝記を読んだりすることが楽しい。

職人世界を知る楽しみは、私個人の趣味嗜好にとどまるものではない。多くの人びとが職人世界を愛している。職人世界に対する関心の高さは、今、われわれの仕事が職人の仕事と大きくかけ離れているからともいえよう。自分の仕事にはない充実感が職人世界のなかにあるように思えるのである。そう考えると、職人好きが年配者だけの嗜好ではないことも納得できる。つまり、職人の仕事は、現代人にとって〝懐かしい〟だけではなく、〝新しい〟のである。

ところで、よく考えてみれば、職人好きは不思議な嗜好性である。家庭でも学校でも個性重視といわれながら育てられ、仕事にも「自分らしさ」を求めてしまう現代人にとって、職人の世界は自分を捨てて技能を伝承し続ける世界である。われわれは対極の世界に憧れるのだろうか。

いや、そう単純でもない。対極ではなく、自分らしさと職人世界は意外と近いところにあるのかもしれない。そこで、われわれが職人の世界に惹かれる理由をじっくり考えてみたい。

お客と一緒に味わう

西ゆうじ作・テリー山本画『あんどーなつ　江戸和菓子職人物語』（小学館）というマンガがある。主人公の安藤奈津（あんどーなつ）さん、通称なっちゃんは和菓子職人である。浅草の老舗和菓子屋「満月堂」で修業をしながら働いている。

もともとなっちゃんは、和菓子職人を目指していたわけではない。お菓子はお菓子でも洋菓子職人のパティシエになろうと、専門学校に通っていたのである。しかし、就職活動中に和菓子職人の梅吉さんや竹蔵さんと出会い、満月堂で一緒に働くことになった。パティシエの仕事が見つかるまでのほんの少しの間という軽い気持ちであった。

しかし、徐々に和菓子職人の世界に惹かれていくなっちゃん。和菓子職人の技を引き継ぐ決心をしたのは、ただ単に和菓子づくりが楽しくなったからではない。彼女が「和菓子職人になってもいいかな」と思えたきっかけは、満月堂の和菓子を愛するお得意様と出会ったことである。

病室で満月堂のお饅頭を楽しみにしている呉服屋さんのご主人、そしてそのお饅頭を病室に届ける奥さん……ご主人はお饅頭を食べられず、舐めて香りを嗅ぐだけだった。

和菓子を取り巻く笑顔と涙に触れたとき、なっちゃんは和菓子職人になると心に決めた。

満月堂の大先輩職人である梅吉さんは、辛い修業に耐えるには、あんこの甘さを味わい、惚れ込むべきだという。しかし、それは美味しいと感じるだけではない。梅吉さんの次の言葉は職人仕事の本質を伝えてくれる。

満月堂のあんこをとことん味わってもらうのはもちろんだが、自分一人が味わうだけじゃ駄目だ。お客の顔をたくさんみねぇとな…（第1巻より）

なっちゃんは、お客さんと一緒に和菓子職人の第一歩を踏み出したのである。

役割＝自分らしさの発見

和菓子職人の仕事は単調なことの繰り返しである。繰り返しのなかから技を盗んでいくしかない。なっちゃんが和菓子づくりのレシピをメモしようとすれば、梅吉さんに叱られる。

なっちゃん、ここは専門学校じゃねぇんだ。自分の体に覚えこませるんだよ（同上）

覚え込ませる、といういい回しに職人の世界が垣間見られる。伝承とは、見て、真似ることが基本であり、「これから先は俺がやってみせる。しっかり目ン玉ひんむいてみてな」（第2巻より）という教え方なのである。

なっちゃん、
ここは専門学校
じゃねぇんだ。
自分の体に
覚えこませるんだよ。
………
西ゆうじ・テリー山本『あんどーなつ』小学館　ビッグコミックス　第1巻 p.73

そんな素晴らしい職人世界を書こうとすれば、ページがいくらあっても足りない。

ただ最後に、なっちゃんの職人としての成長を見て気づいたことを書いておきたい。それは、お客と触れ合う経験や先輩から技を受け継ぐ経験が〝なっちゃんらしさ〟を形作っているという事実である。

個性とは、受け身だから身につくもの……もう少し正確にいえば、受け身を積極的に選択した結果である。

受け身とは他人に対する自分の役割であろう。お得意様に対する役割、伝承する役割がなっちゃんにはある。役割、つまり他人との関係がなければ自分らしさは成立しないのである。

自分らしさを自分ひとりだけで作り上げようともがくのが現代であるとすれば、それは職人的自分らしさが好まれる時代でもある。

今、われわれは自分の役割を発見する物語を職人世界に求めているのである。

7　『キングスウヰーツ』に見つける他人を幸せにする仕事

パティシエという仕事

秋、毎年、肌寒くなってきる頃、ちょっと寂しい気分になったりもしますが、でもスポーツの秋とか、読書の秋とかいわれるように、日常生活の充実を感じる季節でもあります。

私にとっては、スポーツの秋よりも食欲の秋が最優先である。秋刀魚や松茸などの秋の収穫を味わうことはもちろんですが、実は甘いものも好きなのですね。甘いものが大好きと宣言するのは、ちょっと恥ずかしいのだが、とくに秋の味覚を詰め込んだケーキ……好きですね。

ケーキショップや喫茶店で、多くの女性に囲まれながら、こっそり一人で至福の時間を味わっていると、ふと料理人のことが気になる。そういえば、お菓子作りの専門家はパティシエと呼ぶんだったな……。

今までは、ケーキは大好きでも、それを作っている人たちのことはまったく考えてこなかった。パティシエの仕事はどのような仕事なのだろうか。今回は、私にとって未知の職業世界を覗いてみたい。

“王様”にする仕事

大石普人著／浅妻千映子原案・取材『キングスウィーツ』（小学館）というマンガがある。主人公はパティシエの赤川アラタくんである。彼は、六歳のときに父親が作ってくれた最初で最後のケーキを忘れられず、その味を求めてさすらい続けてきた。

アラタくんの父である次郎は、優れたパティシエであったにもかかわらず、事故による記憶喪失によって行方不明であった。父は、自分を取り戻すために、放浪しながらお菓子作りを続けているはずである。だから、アラタくんもまた、父の味、そして父が求めた味を探している。

アラタくんがはじめて勤めたケーキ店は、父が勤めていたケーキ店（エトワール・ドゥ・セットゥ）であった。彼は、このお店のケーキに父の味を見つけ、そしてこのお店で一から修業をはじめた。素人からの出発である。

われわれも、アラタくんと彼の職場の仲間からケーキ作りについて教えてもらおう。この仕事は、見た目と違って意外と重労働である。新入りは、ケーキなど作らせてもらえず、まずは仕込み作業である。

たとえば、クレーム・パティシエール（カスタードクリームのこと）の仕込みという基本の仕事がある。一日で使う大量の素材を長時間にわたって手と腕でかき混ぜ続ける仕事である。アラタくんは、あっという間に腰を痛める始末。さらに、これ以外にも覚えるべき仕事は山ほどあるのだ。このマン

食べた人を〝王様〟にする、
〝王様のショートケーキ〟を目指したんだ!!

大石普人・浅妻千映子『キングスウヰーツ』小学館　ヤングサンデーコミックス　第4巻 p.21

ガの読者は、ケーキ作りは意外と辛い仕事だと思うであろう。

それでは、ケーキ作りの充実感とは何だろうか。その答えは、アラタくんのセリフのなかに隠されているはずである。

たとえば、誕生日ケーキを楽しみにしているタカシくんに対して、アラタくんは次のように思う。

> ケーキが大好きなあの子には——
> 〝王様《しあわせ》〟になれるケーキを食べて欲しいんだ!!（第1巻より）

そして、思い出のミルフィーユを探しているおばあちゃんには次のようにいう。

でも、おばあちゃんを〝王様《しあわせ》〟にできるミルフィーユは……たったひとつしかないんだ……それを――それを作るのが、菓子職人《パティシエ》の役目じゃねえのかよ!!（同上）

アラタくんがお菓子作りを続ける理由はシンプルである。彼は、食べた人を〝王様《しあわせ》〟にするケーキを作りたい。つまり、食べている人の〝王様〟のような笑顔が見たいだけなのである。

幸せの笑顔

アラタくんとその仲間たちがケーキ作りの仕事を選んだ理由、そしてパティシエとしてはまだまだ未熟な彼らがこの辛い仕事を続けられている理由、それは自分のケーキを食べている人の幸せな笑顔が見たいという思いである。

もちろん、そんな笑顔にまったく気がつかないパティシエもいるのだろうが、ケーキ店とは、幸せな笑顔が自分の仕事の目前にある幸福な職場なのである。

お客さんの顔は自分の仕事の鏡でもある。鏡がなければ自分の顔を見られないように、自分の仕事とは、それを受け取る人の顔を通して描かれるものなのである。

たった一つの笑顔が辛い仕事の意味を一瞬に変えてくれることだってある。そう考えると、パティシエの仕事とは、本当の仕事のあり方を教えてくれる仕事の王様なのである。

8　『営業の牧田です。』に教わる純粋の反対の成熟

二〇代の変な突然

四〇代、五〇代のおじさんから最近よく聞く話であるが、どうも最近の新入社員は違うらしい。新入社員、もっと範囲を拡げると二〇代の後輩従業員がどうも変なのである。

もちろん、いつの時代も「最近の若い奴は……」というお説教はあったと思う。だから私も、またかという気持ちで聞いていたのであるが、同時に彼らは、二〇代の後輩たちは優秀であるともいう。だから、仕事ができないといいたいわけではないらしい。説教というよりも、理解不能で戸惑っているというほうが正確なのかもしれない。

たとえば、採用面接などでは、ハキハキと自己アピールをしていた大学生を採用する。新人は、優秀な成績で仕事をはじめる。しかし……突然（と見える）、仕事へのやる気を失ったり、会社を辞めるといい出したりすることがある。

この突然行動がわれわれには理解不可能なのだが、これは優秀な若者も優秀でもない若者もともに抱える欠落なのであろうか。

社会人になった若者は、何を学び、何を身につければよいのか。あれも必要、これも必要というお

説教はしたくない。「これだけは」といえる、その何かについて考えてみたい。

意外なもろさ

かわすみひろし著『営業の牧田です。』(講談社)というマンガがある。主人公の牧田牧夫さんは、大手ビール会社に勤める二八歳である。彼は、いい大学に入って親にも自慢できる大企業に勤めている。端から見ればまずまずの成功といえよう。彼は入社五年目であるが、五年目といえば、それなりに仕事に慣れ、プライベートでも結婚を考える年頃である。

しかし、二八歳の牧田くんは、仕事も惰性になり、彼女はいないし、そのうえ将来の展望がない。ここまで流されてきたが、もしかしたらスタートラインで止まったままかもしれないと思っている。彼は次のようにつぶやく。

　与えられた仕事だけをこなして、それで一人前だなんて顔をしてるが、何も考えず何も決められずに、ただ息をしているだけの生き物だった(第1巻より)

二〇代後半の無気力に対して、今からでも仕事の夢(やりたいこと)を探せばいいじゃないかということも可能である。

でも、その励まし方は二八歳の社会人に対してはうすっぺらくはないか。

かわすみひろし『営業の牧田です。』講談社　モーニングKC　第1巻第1話©かわすみひろし／講談社

営業の仕事ならば、売りたいビール（商品）があるから営業をしたいという純粋な夢があったとしよう。この純粋さは、入社当初ならば新鮮な自己アピールかもしれない。

しかし、これだけでは、もろいのである。もしイマイチの商品ならば売らないのかという組織からの反論にただやる気を失うだけだからである。

牧田さんも、売ること（個人業績）を気にしながら、売り方も気にしてしまう。気にするという迷いを引きずっている。

たとえば、お世話になった取引先のご主人のお葬式で、他社が行なったビールの差し入れという売り込みに戸惑う。

いや、彼自身も「俺が甘かった…今日は負けを認めよう」といっているのだから、新入社員でもあるまいし、仕事の現実（厳しさ）はわかっている。しかし、他社の営業に対して「恥も外聞もない」という感想を、思わず持ってしまうのである。

成熟への道

牧田さんの純粋さともろさは、自分のご主人を思う気持ちはわかってもらえるはずだと受け身になっていることから生まれる。いい換えれば、この態度は、正しい答えを持っているのだから受け入れられるはずという学校優等生的な純粋さであり、青臭いのである。だから、どんな優秀さも、もろくなるのだ。

ここで私は、だから現実に従え、といいたいわけではない。そのような結論には、結局とか、仕方なくとか、妥協してという言葉が付きまとってしまう。

もう一度、マンガを読んで、牧田さんの変化を見守ろう。彼は、何度も失敗を繰り返しこのような結論を見つける。

どんな手段を用いても人に好かれたいと思うこと、それはたぶん卑しむべきことではない（第2巻より）

取引先の人だって、営業という仕事のウソは百も承知である。でも、彼がいうように「大人とは大嘘つき」（第3巻より）であるのならば、大人は、その卑しくないウソを承知して信頼を作ってくれるものなのである。

営業の仕事にしぶしぶ従って、無理な引きつった笑顔を見せるか、逆に営業の仕事を従わせて笑顔を見せるか。ここが分かれ目なのである。

純粋の反対は、不純ではない。俗なる不純を離さず、さらにそこから突き抜けたところに成熟があるのだ。

9 『土星マンション』に発見する仕事のつなげる力

仕事の数の驚き

世の中のビジネスは日々複雑化し、アッと驚くような新しい仕事がどんどん生まれてくる。一つの仕事は二つの仕事に分かれ、その分かれた仕事がさらに二つに分かれていく。分業と専門化はビジネス拡大の基本的方向である。

新しい仕事が生まれる一方で、廃れて消えていく仕事もある。仕事は、生まれ、消えることの繰り返しである。仕事は変化し続ける生き物だから、仕事の種類を数えることなんて不可能である。

仕事の数という漠然とした大きな話から書きはじめたのには理由がある。最近、就職支援制度を充実すべきという議論が盛んであるが、私は、何となくそのいい方に違和感を持っているからである。たくさんの仕事を紹介すれば就職支援になるのか、増えすぎた知識のなかから自分に合うものを選択できるのか、と思っているのである。仕事の種類なんて、数え切れないほどあるという事実を忘れてはいけないのである。

仕事は知識の量だけで理解するものではない。では、われわれは仕事をどうやって理解すればよいのか。

内面と外世界

岩岡ヒサエ著『土星マンション』（小学館）というマンガがある。土星マンションとは、おかしな言葉であるが、実は地球の周囲を回る巨大なリングシステムの居住空間を意味している。地球全体が自然保護地域となった未来、人は地球の周りのスペースコロニーで生活している。

そう、このマンガはＳＦマンガなのである。ＳＦというと、宇宙空間の大スペクタクルと思ってしまうが、このマンガの面白いところは、そのスペースコロニーの普通の日常が独特のタッチで描かれている点である。

主人公の少年ミツは、中学を卒業したばかりである。彼は、高校に進学せずに窓拭きの仕事に就いた。この仕事とは、地上から三万五〇〇〇メートルのリングシステム外壁の窓を拭く作業である。宇宙空間の危険な肉体労働である。

ミツくんが、若くしてこの仕事を選んだ理由は、彼のお父さん（アキさん）にある。アキさんは優秀な窓拭きであり、ミツくんとは父子の二人暮らしであったが、仕事中の事故で亡くなってしまった。一人残されたミツくんは、父と同僚であった影山さんの家族にお世話になりながら中学を卒業し、そして卒業と同時に窓拭きの仕事を選択したのである。

ミツくんは、内向的な性格で他人に積極的に話しかけるタイプではない（しかし、そのはにかむ顔はかわいい）。孤独な彼は、いつも考えてしまうのだと思う。それは、子供の自分が見ることができ

岩岡ヒサエ『土星マンション』小学館　IKKI COMIX　第2巻 p.129

なかった父の働く姿である。

このマンガの作者は、ミツくんの内面の広がりと仕事世界の広がりを混じり合うように描く。作者のマンガ世界の構築力には脱帽である。

たとえば、窓拭きの仕事は、窓を挟んで依頼主との関係も生まれるのだが、ミツくんは、先輩から「必要以上に依頼主と接しすぎないほうがいいぞ。感情的になって仕事にムラが出るからな」と注意を受ける。また、別の先輩は「情で仕事をするなんてプロじゃねーよな」という（第2巻より）。

この忠告は、基本的には正しい。しかし、お客との関係性を失ったら中学校までの孤独な内面に逆戻りだ。だからこそミツくんは、「ボクの考え方は間違っているかな」（同上）と自問自答するのである。

仕事という窓

仕事こそが内面と外世界をつなげる窓である。つながりから心の葛藤も生まれるのだが、ミツくんは、その葛藤を経て密着でもなく無関心でもない場所を発見する。その場所が心の広がりなのである。彼の次の言葉は、窓拭きという単なる肉体の動きを仕事へと浮上させる。

ボクはやっぱり窓の中を見てしまいます。窓の中に人がいるから窓を拭いているんです。集中しきれてないってことだからよくないかもしれないけど、ボクは意識して拭きたいです。（同上）

仕事を量だけで測ることはできない。仕事はお客や同僚との関係性のなかで位置づけられるものなのだから、仕事だけを切り離して伝えることはできない。

ミツくんの出会いをあげてみよう。彼を厳しく指導する先輩職人、仁さんや影山さん。彼らの家族もミツくんを見守る。それから、最初の仕事で「ありがとう」といってくれた窓拭きの依頼者も仕事の出会いである。

そして、いつも心中で語りかけてくるお父さん。それらすべてひっくるめて、ミツくんの仕事なのである。

第3章　職場ルールと個人のスキル

　われわれが職場という言葉を使うとき、その意味は多面的である。まず、機能の側面から職場をとらえることができる。利益をもたらすために、人は、一つひとつの機能としてつながっている。その機能とは、ときに仕事、ときに役割、ときに能力と呼ばれている。

　しかし一方で、働く人にとって職場は、自分自身のアイデンティティーを確認する帰属集団にもなる。毎日顔を合わせる同僚と心地よい関係を築くことは、われわれにとって理想である。逆にいえば、同僚や上司とのトラブルは悩みの原因の第一位なのであろう。機能的につながることを前提条件に、そこにはきわめて人間的な関係が発生している。

　ただし、われわれが注意すべきは、同僚や上司という存在だけで職場を見ないことである。それでは、職場があまりにも閉鎖的な世界になってしまう。

　職場の問題は、職場外の関係としてもとらえるべきである。つまり、顧客という存在も含めて職場を再定義したい。そうすれば、顧客が職場の機能の輪郭を明らかにし、同僚は単なる気の合う合わないの関係から信頼関係へと変化すると思う。この章では、顧客という視点が与える職場の活性化を紹介した。機能が信頼を生み出し、その信頼を基礎に職場が学習の集団となる理想を、仕事マンガの中に見つけてほしい。

1　『編集王』に教わる仕事への熱い思い

若き日の迷い

大学教員という職業柄、自分と同年代の人たちと比べて若者たちと身近に接する機会が圧倒的に多い。若者たちとの身近な付き合いは、正直にいうとくたびれることもたくさんある。なにしろ私から見るとかなり子供なので、細かく説教したくなる。しかし、そうかといって小言をいい続けるほどには私は老け込んでいないのである。結局、理解を示すという忍耐が求められるわけである。

その一方で、若者たちと付き合って、得だな、と思うこともある。それは、忘れていた若い日の迷いに出会えることである。同じような悩みを自分も抱えていたなと感じるとき、なんだか得をした気分になるのである。

大人になって仕事を持てば、若い頃に迷っていたことなんて、自然と忘れてしまうものである。もちろん、忘れることは答えを出したということではない。文字通り迷うこと自体を忘れているだけである。自分らしい仕事って何であろうか。お金のため、それとも自己実現のために仕事をしているのか。そもそも働くって何であろうか。

いい大人がこんな迷いをいつまでも抱えているわけにはいかない。しかし、与えられた仕事をこなすだけの毎日、ふと若き日の迷いを思い起こしたいときもある。皆さんも、ときには青臭い言葉に触れてみたくはないですか？

直球勝負！

土田世紀著『編集王』（小学館文庫）というマンガがある。主人公の桃井環八（カンパチくん）は元ボクサー。子供の頃に読んだ『あしたのジョー』に憧れて、中学卒業とともにボクシングの世界に飛び込んだ単純熱血クンである。彼の青春は、彼女なし、ギャンブルなし、娯楽なしのボクシング一筋であった。

しかし、カンパチくんのボクシング漬け人生も、網膜剥離《もうまくはくり》という病によって突然の終止符が打たれる。カンパチくんは、ボクシングのない新たな世界に戸惑い、そして叫ぶ。

そんな世界でよ……あしたのジョーになれんのかよ?!（第１巻より）

カンパチくんの先輩で、出版社に勤める青梅広道さん（ヒロ兄ィ）は、彼の将来を心配して出版社でのアルバイトを探してきてくれた。彼は、マンガ雑誌の編集者の世界で編集王（あしたのジョー）を目指しはじめるのである。

学歴なし、知識なしのカンパチくんが編集王を目指すための武器は、マンガにかける熱い思いと仕事に対するまっすぐな姿勢だけである。

だが、マンガ編集の世界は裏も表もある世界だ。そして売り上部数と人気投票だけが幅を利かすドライな世界である。そんな世界で直球しか投げられないカンパチくんが通用するのであろうか。

理屈よりも思い

たとえば、ただ大御所というだけで全然面白くないマンガ原稿を載せようとする先輩編集者がいる。カンパチくんは、そんな先輩に対しては「表ェ出ろ」とけんか腰である。

大御所のマンガは固定ファンだけに確実に売れる。つまり、確実に利益は出すだけのマンネリ作品であった。大御所マンガ家のマネージャーは次のようにいう。

私の仕事《マネージャー》はマンガの良否じゃないんだ。そういう数字の見張り番なんだよ……だいたい誰が困るというんだね？（同上）

思わず納得してしまう仕事の理屈である。自信がある商品だけを売る営業担当者なんていない。商品に自信がなくとも売るのが仕事といわれれば、そうするしかない。

おめえ等
何だよ!!
好きでもねェ
マンガなのに、
どのツラ下げて
メシ食ってンだよ。

土田世紀『編集王』小学館　小学館文庫　第1巻 p.89

でも……次のようなカンパチくんの言葉が私の心には響いてしまう。

「おめえ等何だよ!!　好きでもねェマンガなのに、どのツラ下げてメシ食ってンだよ」「俺はあしたのジョーに男にしてもらったんだ!!　真っ白な灰になるためなら……俺は一生童貞だってかまわねえんだからな!!　そういう面白《おもしれ》えマンガ描いてくれって言ってんだ。俺にそういう仕事をさせてくれよ!!」

（同上）

私と同じように、カンパチくんの言葉に心が動かされた人ならば、仕事は理屈や計算だけでは成り立たないことを理解してくれるはずだ。

たしかに、熱い思いは空回りすることもある。仕事には要領だって必要である。しかし、あえて私は、理屈よりも思いという。いや、〝いいたい〟のである。仕事に対する熱い思いがあれば、仕事はそれに応えてくれるはずだ。

『編集王』、今すぐ仕事がしたいという仕事心に火を点けてくれるマンガなのである。

2 『ＣＡとお呼びっ！』に教わる逃げない充実感

非正規とは誰のこと？

最近、非正規社員という働き方が問題になっている。一〇年前に比べれば、日本の職場には非正規という働き方の人たちが増えてきている。

だけど、よくよく考えてみれば、非正規という言葉はおかしないい方である。要するに、これらの言葉には、正社員ではないという〝以外〟の意味しか存在しないのである。同じ職場で働く仲間たちを正規と非正規に分けるという発想に違和感があるのは私だけであろうか。

非正規には、パートやアルバイトといった短時間労働者も含まれるが、派遣社員のように正社員と同じ勤務時間で働く人たちもいる。それゆえ勤務時間だけでその違いを説明することはできない。非正規と正規の違いとは、これから長くこの会社で働くのだろうという〝約束〟が雇う側と雇われる側の間で交わされているかどうかである。

もちろん、非正規社員も将来の仕事を真剣に考えていると思う。しかし、彼ら彼女らは会社と一緒に将来を考えられないのである。すなわち、正規と非正規の違いは雇用契約の違いだけではなく、会社に対する立ち位置の違いでもある。

さて、そんな立ち位置の違う人が集まる多様な職場にはどのような問題があるのだろうか。

CAの実態と本音

花津ハナヨ著『CAとお呼びっ!』（小学館）というマンガがある。航空会社の客室乗務員CA（キャビンアテンダント）の職場がこのマンガの舞台である。このマンガを読んではじめて知ったのだが、華やかな職場に見えていたCAという仕事にもいろいろな苦労があるらしい。

主人公の山田紗依（サエ）さんは、勤務二年目のCAだが、時給制、寮生活の契約社員である。すべてのCAは契約社員からはじめ、勤続四年目に正社員になれるという社内ルールがあるのだが、この最初の四年間は厳しいのである。サエさんの心の叫びを聞いてみよう。

契約社員がどんだけお金無いと思ってんですか!!　あたしの時給知ってます!?　ボーナスくらい下さい!!　早く正社員になりたあーい!!（第1巻より）

不満はお金だけではない。派遣社員の不安の声も聞いてみよう。

手すりもないほっそい丸太の橋の上を心もとなく歩いてるようなもの……しかも橋の先は霧で見

えないのよ…わかる⁉　この不安が‼　ああん⁉（第2巻より）

まあ、居酒屋で酔っぱらって、他人に絡みながら叫んでも仕方がないと思うが……。正規と非正規のあまりのギャップには同情してしまう。

ただ、サエさんが正社員になれないのは、本人の責任もあるような……彼女はテンションだけが高い、ドジ連発のＣＡなのである。

手すりもないほっそい丸太の橋の上を心もとなく歩いてるようなもの……
しかも橋の先は霧で見えないのよ…わかる⁉　この不安が‼　ああん⁉

花津ハナヨ『CAとお呼びっ！』　小学館　ビッグコミックス　第２巻 p.74

今、身震いする充実感

そもそも、サエさんの将来目標は正社員になることではない。彼氏いない歴を更新しているサエさんではあるが、将来の夢はずばり寿退社である。

な〜んだ、やっぱり寿退社じゃねえかと思った人、辛い辛いといいながらどうせ最終的には辞めるつもりで働いているんだと思った人。そういうあなたは正社員ではありませんか。

たしかにサエさんは出世も望まない（見込めない）、物欲全開で不満たらたらの落ちこぼれ契約社員である。出世志向の正社員とは、立場が違うし、将来展望も違う。

しかし、見落としてはいけない。たとえそうだとしても、サエさんが今の仕事に向き合っていないとはいえないのである。

ある女性に「結局ね、女の幸せは好きな人といることとよ」といわれて、寿退社希望のサエさんはこう答えた。

それって結婚に逃げてるだけじゃん……あたしだって寿退社したいわよ!! でもね……逃げる形で結婚なんかしたくない!!（第2巻より）

じゃあ、サエさんはなんで辛い仕事を続けられるのか。彼女は続けていう。

一生のうち、一回でも多く身震いするような充実感が欲しいだけよ!!（同上）

サエさんがいいたいことは、今の職場で仲間と味わえる仕事の充実感なんだと思う。

契約社員はどうせ辞めるから、と心の中で思い続けていたら、契約社員に限らず、職場の誰とも仲間になれないです。将来辞める辞めないに関係なく、今は職場の仲間であり、一緒に仕事をしているのである。

どんな雇用契約でも、男でも女でも、仕事ができてもできなくも、職場のみんなが仕事の充実感を求めている。それは、未来の救いとなる真実なのである。

3 『Ns《ナース》あおい』に教わるプロの心構え

病院という組織

医療事故が起こるたびにいいようのない不安を感じる。人の生命に関わることでミスが起こるなんて信じられない気持ちだ。

もちろん、医療は人が行なうことである。仕事に完璧を求めるなんて、不可能だとは私も理解している。

しかし、医療事故に対する不安は、医療事故そのものというよりも病院という〝組織〟に対するものでもある。

病院は、きわめて官僚的な組織であるといわれている。医療の現場は、専門ごとに細かく分かれている。病院で働く人たちも、医師を中心に看護師、医療技師、職員が分業体制を作っている。むろん、高度化した現代医療の効率性を考えれば、このような分業体制は必然であろう。

しかし、なんだか不安になる。なぜなら、このような分業体制が組織的な無責任体制を生み出す可能性もあるからだ。

組織の弊害

こしのりょう著『Ns'《ナース》あおい』（講談社）というマンガがある。主人公の美空あおいさんは、経験三年目の看護師である。彼女の勤務先はあかね市民病院、日本最大の医療グループの系列病院である。日本最大と聞いて安心してはいけない。実は、内情を知れば知るほどこの病院はかなりやばいのである。まず、病院の事務を任されている事務長の発言を聞いてみよう。

このあかね市民病院の累積赤字はグループの中でも問題になってるわけですよ。そして私はそれを改善するためにここに来てることをお忘れなく（第2巻より）

経営のプロのありがたいお言葉だが……何かを忘れていませんか。では、気を取り直して内科副部長の田所医師の発言を聞いてみよう。

患者を診ることだけが医者の仕事ではない。立場的にもプロパーさんとお付き合いするのも重要な仕事でね（第1巻より）

プロパーとは、医薬品会社の営業職の古臭いいい方である。つまり、接待も大切な仕事ってわけですか。

この状況を重々承知しているから、あおいさんの指導役、先輩看護師の小峰響子さんは「あんたもせいぜい気をつけな、この病院ヤバイから」（同上）と忠告したのである。

誰もが自分の立場だけを考えている病院組織の中で、あおいさんは自分の気持ちをまっすぐにぶつけていく。彼女は、儲け主義の医師に対してだって「私は先生ともっと一緒に仕事がしたいんです」（第2巻より）と訴えた。

あおいさんの言葉には、不思議と人を惹きつけるものがある。さらに、言葉だけじゃない。「私、体育会系なんですよね。じっとしているより体動かしている方が楽で！」（第1巻より）という彼女の立ち居振る舞いが、病院に仲間を作っていくのである。

相手をまっすぐ

はじめは冷淡だった看護師仲間たち、看護助手のおばちゃんたち、劣等生だが患者には好かれる江藤医師、エリート医師で正義感あふれる緒田医師などが徐々にあおいさんに惹き込まれていく。硬直的な官僚組織が〝みんなの職場〟にゆっくり変わりはじめた。が、そのとき、とうとう病院で医療事故が起きてしまったのである。

心臓のペースメーカー手術を受けたおばあちゃんに別の医師がＭＲＩの検査をしてしまったのだ。

こしのりょう『Ns' あおい』講談社　モーニングKC　第5巻 p.155

強力な磁気を帯びる検査にペースメーカーは危険である。異変に気がついたあおいさんのおかげで、おばあちゃんは一命を救われた。

複数の医師が別々のカルテを書く状況、検査前確認を怠《おこた》った医師、事故原因を患者に隠そうとする事務長……。

正義感あふれる緒田医師は、ここで活躍する。検査ミスをした医師と事務長に対して内部告発を取り下げる代わりに、カルテの電子化予算を交渉したのである。電子カルテ化が進めば、このようなミスは起こらない。

してやったり！　緒田医師。これで第二、第三の被害者は生まれない。

しかし……。あおいさんの考えはちょっと違う。彼女は、訴えられようとも、まず被害者であるおばあちゃんに真実を告げるべきだという。

たしかに力に対して力で対抗しなければ、これからの病院はよくならない。でも、全体のために一人の患者が犠牲になってもよいのだろうか。緒田医師とあおいさんの違いに注目したい。

あおいさんの気持ちは、単なる正義感ではない。青臭い正義感は、自分が傷つきたくないだけの自己中心的な発想である。しかし彼女は、一人ひとりの患者の目の前にまっすぐに立ち、考える。

だから、おばあちゃんは、真実を知っても病院を訴えなかった。病院は信じられなくなったけど、おばあちゃんとそのお嫁さんはこういう。


私達はあなたを信じるしかないんです。信じていいですね。美空さん（第5巻より）

これこそが仕事に対する最高のほめ言葉なのである。

4　『バーテンダー』に見つける究極のサービス

一人酒の時間

世の中にはいろいろな人がいるが、私が心底同情してしまうのは、お酒が飲めない人である。むろん、勝手に同情するといわれても、飲まない人からすれば余計なお世話といわれそうだ。逆に、私自身が同情されてしまうような気もする。まあ、酒飲みの自己弁護として聞き流してもらってもかまわないのだが。

お酒にはいろいろな飲み方がある。個人的には、仲間と騒いで酔っぱらうのも楽しいのだが、会社帰りの一杯もまたやめられない、というか止まらない。若い頃には、とにかく飲んで騒げればよいが、徐々に一人酒も味わえるようになった。

誤解しないでほしい。酒が飲めれば一人でも、というわけではない。一人酒の時間を静かに楽しめるようになったのである。そういうと、普段の私を知る人からカッコつけるなと突っ込まれそうだが……。

でも、職場と家の往復だけじゃ息が詰まりませんか。今回は、仕事について語る前にお酒について語りたい。

気になる仕事

城アラキ原作・長友健篩漫画『バーテンダー』（集英社）というマンガがある。主人公の佐々倉溜さんは、世界的コンクールで受賞したこともあるバーテンダー。パリの高級ホテルのＢＡＲで働いていたが、どういうわけだか日本に舞い戻り、銀座の小さなＢＡＲ（バー・ラパン）で仕事をはじめた。多くの人にとっては、ＢＡＲは慣れ親しみがない、緊張する場所である。実際、カクテルの種類も多すぎてよくわからない。でも、同時に憧れの場所でもある。若い頃、静かにカクテルを作るバーテンダーは気になる存在であった。

溜さんに仕事について聞いてみよう。彼は、こう問いかけ、こう答えている。

「世の中に絶対にお客様を裏切ってはいけない仕事がふたつあります。ひとつは医師・薬剤師、ではもうひとつは？」「バーテンダー、どちらも処方《レシピ》ひとつで毒にも薬にもなるものを売っていますから」（第1巻より）

カッコイイ言葉だ！　さらに、溜さんには、研ぎ澄まされた味覚、お酒に対する幅広い知識、そして磨かれた技もある。彼は次のようにいう。

バーテンダーは手が命、手が筋肉痛で上がらなくなるまで練習！（第2巻より）

プロの言葉である。やはり腕を磨き続けることは仕事の基本なのだな、と感心してしまう。

でも、感心してばかりもいられない。彼の仕事から学べることはバーテンダーの技だけではないのである。

ＢＡＲには、いろいろなお客さんがやってくる。常連さんもいれば、はじめて訪れた人もいる。ＢＡＲはカウンター中心の小さな空間である。店の雰囲気に合わない一人客が来たとき、なんとなく浮いてしまうことだってある。

城アラキ・長友健篩『バーテンダー』集英社　ジャンプコミックスデラックス第１巻

たとえば、クリスマスにやってきた場違いな雰囲気の大学教授とか……。そんなとき、早く帰ってくれないかな、と思ってしまうバーテンダーは多いだろうが、溜さんは違う。彼は緊張する教授にあえて話しかける。話しかけると、ついつい大声で議論口調になる教授であるが、彼は、聞き流すでもなく、反論するでもなく、ビールしか飲みたがらない教授にカクテルの提案をするのである。

ビールとシャンパンは混ぜると美味しくなるとか、ならないとか……あれ、いつの間にか教授と溜さんの話にお店の常連客も聞き入っている。浮いていた教授がいつの間にか場の中心になっているのである。

そう、溜さんは知らず知らずのうちに場の雰囲気をコントロールしていた。彼は、バーテンダーの意味をこう考えている。

バー＝止まり木、テンダー＝やさしい、「やさしい止まり木」という意味です（第1巻より）

やさしい空間の演出者

お酒に詳しくても、技があっても、それだけでは一流のバーテンダーにはなれない。なぜなら、お客はBARの〝時間〟と〝空間〟を味わうために来ているからである。

お客さんに本当にリラックスしてもらうには、場の空気を把握し、人の気分を読みながらサービスしなければならない。バーテンダーは小さな空間の演出家である。そう考えると、真のバーテンダーになるためには幅広い人生経験が必要なのかもしれない。人の心に触れる仕事なのだから、なおさらそう思う。

バーテンダーの仕事は実に奥深かった。そして、そう考えると、そんな素晴らしい仕事に出会い、仕事の奥深さを学ぶために、日々私は飲んでいたのかと思えてくるから、ほんとに不思議である。

5　『リアル・クローズ』に教わる販売の醍醐味

コミュニケーション能力?

コミュニケーション能力という怪しげな言葉が世の中を跳梁跋扈《ちょうりょうばっこ》している。ビジネスの最前線で生き残るためには、コミュニケーション能力が必要だといつも誰かが叫んでいる。

見方を変えると、自分には、コミュニケーション能力が不足しているのではないかという不安が蔓延しているともいえる。

むろん、いつでもどこでも人と人の対話は重要である。しかし、同時に完全なコミュニケーションなんて、テレパシーでもなければありえないのである。そもそも不完全なものだから、コミュニケーション能力を過大視し、失敗の不安を煽《あお》ることは危険なのである。

話し手はいつでも不安定なのは、当たり前であろう。なぜなら聞き手がうなずいてくれなければ、話し手は存在しないも同然だからである。

もちろん、われわれは、このコミュニケーション能力という言葉から逃げてばかりもいられない。仕事の現場でわれわれは無理矢理話し手にさせられるからである。お客という聞き手を前にすれば、商品の話し手になるしかないのである。

だから、仕事を理解するためには、コミュニケーション能力の怪しさを十分に注意しつつ、その内実について語らなければならない。

売るお仕事

槇村さとる著『リアル・クローズ』（集英社）というマンガがある。主人公の天野絹恵さんは、大手百貨店のふとん売り場販売員である。彼女は、ふとん売り場の売り上げナンバーワンであったのだが、突然、婦人服売り場へと人事異動になってしまった。

同じ売る仕事であっても、機能重視のふとんと最新ファッションではまったく異なる。天野さんは、実はファッション音痴であった。いや、ここで音痴にたとえるのはちょっと違うかもしれない。彼女は、洋服にこだわる人に抵抗感を持っていたのである。彼女は次のようにつぶやく。

私は洋服なんか好きじゃないもん（第1巻より）

興味がないものを売ることは苦痛である。天野さんは〝公式〟を探そうとする。そして、同僚の、売るためにはとりあえずホメるというアドバイスを聞いて、それを実行するのだが……彼女の心には、「売りたいの？　私」という疑問の言葉が浮かぶだけであった。先輩販売員は、彼女に厳しい言葉（し

槇村さとる『リアル・クローズ』集英社　QUEEN'S COMICS 第1巻

かし正論）を投げかける。

口先だけのうわっつらのセールスなんかされちゃ売り場の評判が下がるし、他の販売員のモチベーションも下がります（同上）

天野さんは、戸惑い、傷つく。そりゃそうだろう。他人から「天野さん自身があかぬけないです」とまでいわれてしまえば……。

公式から一回性へ

売る仕事に公式はない。公式とは、誰にでも通用する言い方であろうが、お客さんも一人ひとり異なる。だから一回一回の積み重ねが大切である。

これは、コミュニケーションの話なのである。売る立場や話す立場になると、買い手（聞き手）から逃げたくなるのは当然なのだが、誰かにコミュニケーション能力の答え（公式）を求めても仕方がないのである。

さて、厳しい指摘を受けた天野さんはどうしたのであろうか。彼女は、戸惑いつつも徐々に洋服が好きになっていった。もう少し正確にいうと、洋服を好きだった（買いたい）自分を思い出したのである。

そもそも私は、コミュニケーションにおいて話す立場だけを強調すべきではないと思っている。コミュニケーションとは、立場を交互に入れ替えるキャッチボールのようなものなのだから、話し手は聞き手にもなる。

天野さんは、そのことに気づきはじめた。洋服を売りたい自分と洋服を好きな自分は、仕事の現場において接していた。

「女の人が輝くお手伝いをしたい」（同上）という彼女の気づきの言葉は、不安と喜びが混じり合ったコミュニケーションの醍醐味を伝えてくれる。

6 『グッジョブ（Good Job）』に教わる職場の舵取り術

契約としての仕事

日本の会社では、働き方の多様化が急激な速度で進んでいる。これまで会社と従業員の間に取り交わされていた正社員という「暗黙の約束」が失われ、非正規と呼ばれる働き方が徐々に拡大してきている。

正社員とは、単なる雇用契約ではなく、良くも悪くも曖昧な約束であった。正社員とは、雇用はできる限り守るとか、その代わり配置転換は受け入れてくれとか、勤続を重視するとか、つまり明文化されていない「約束の束」である。

しかし、今、雇用契約の多様化が進むなかで、正社員という約束は効力を失っている。そうであるならば、従業員と会社の間に新たな約束は生まれているのだろうか。

非正規社員もさまざまであるが、大きな流れとしては、仕事とその対価の一対一の関係を軸に明文化された約束が交わされつつある。仕事を軸とした短期の契約関係は、非正規社員にとどまらず、広く正社員にも広がりつつあるといえよう。

仕事を分析し、その重みづけを行なってから、その対価を一つひとつ決めるという契約の発想は、たしかに紛れもない明確なルールである。しかし、そもそも仕事や職場はそのように簡単に割り切れるものなのだろうか…。

動き、流れる仕事

かたおかみさお著『グッジョブ（Good Job）』（講談社）というマンガがある。主人公は、建設会社の営業補助を担当する上原草子さん（通称、上ちゃん）である。

このマンガは、営業補助という地味な仕事を丁寧に描きながら、その動きをしっかりおさえている。私は、その動きの描写に感心してしまった。仕事とは、とらえようとした瞬間から変化するものである。

具体的な場面を紹介しよう。この会社の営業部は、外回りの営業男性と営業補助の女性に明確に分かれている。一見すると、営業補助の仕事は書類作りという単純な繰り返し事務作業を行なっているように見える。事実、そのように考えている勘違い男性社員は多いのだが、実際その仕事は複雑である。

補助の仕事は、複数の外回り男性に対して一人でこなすのが普通である。だから、優先順位をつけながら複数の仕事を同時にこなすスキルが求められる。「これ大至急」なんて指示を出してくる無神経な男性社員には、上ちゃんの次のような叱咤が飛ぶ。

かたおかみさお『グッジョブ』講談社　コミックスKiss　第1巻p.14

わたしはねぇ、あんたと松井さんと元木くんのアシストやってんの。あんたから回ってくる仕事だけを、ボーッと待っているわけじゃないの（第1巻より）

さらに、大きな取引の発生や企画会議などの不規則な仕事はつねに発生している。「こりゃ急がにゃならん」というときには残業だって生まれるわけだが、そのときにこそ、上ちゃんの仕事のやり方に注目してほしい。

「これですか？　ん―――2時間てトコですか」という仕事の分量の判断があり、そして、「だれか―――今日残業できる人ー2時間くらいー」（同上）という仕事の割り振りが一瞬にして行なわれている。

かりに営業補助の仕事を単純に記述すれば、書類作成、計算、資料コピーになる。しかし、それだけでは仕事という動くものを瞬間写真でとらえただけである。

上ちゃんの上司である武上課長は彼女に「回せる人に回してくださいね」（第2巻より）という。この言葉は、上ちゃんの仕事を的確にとらえた言葉である。

曖昧さを使いこなす

では、なぜ上ちゃんは、まわせる人にまわすことができるのか。

もちろん、上ちゃんは持ち前の高い判断力を持っている。個人としても仕事ができるので、余裕を生み出し職場全体の仕事量を測ることができる。しかし、それだけならば、上ちゃん以外にも個人能力が高い人はいる。変化する仕事に当てはめるのは、モノじゃなくてヒトなのである。

たとえば上ちゃんは、はじめての大きな取引に浮き足立つ新人元木くんをサポートする際、サポートの仕事を進めすぎないことに注意している。彼女は次のようにいう。


つっぱしりすぎてんのよ、元木くん。期限はまだまだ先なのに、それで体壊したりあせって失敗したら元も子もないじゃん（第1巻より）

これができる仕事人はほとんどいません。流れる仕事、気持ちが上下するヒト、それらをうまくつなぎ合わせる微妙なタイミング……曖昧な表現ではあるが、それこそが仕事と職場の本質であろう。

仕事を測る冷たい分析と仲間をサポートできる温かさの同居が、職場の舵取り術の奥義なのである。

7　『現在官僚系もふ』に学ぶ官僚組織の変え方

官僚のお仕事

多くのマンガ作品をテキストにしながら、さまざまな仕事について考えるのが、この本の目的である。

当たり前のことだが、世の中には、自分が経験していない職場がたくさんある。だから私は、変わった職場や面白い仕事はないかなと思いながら最新マンガをいつもチェックしている。

ただし、こんな私も、すべての職場に興味を持っているわけではない。正直、べつに知りたくない職場もある。たとえば、官僚のお仕事とか……まったく興味がわいてこない。とくに霞ヶ関の国家公務員には、身近に感じたいという意欲がわかないのである。

もちろん官僚たちは、われわれの生活には欠かせない重要な仕事をしていると思う。たぶん……。

正直にいえば、興味うんぬん以前に、お役人さんの仕事はまったくわからないのである。だからこそ、今回は、あえて現代の伏魔殿《ふくまでん》と呼ばれる、官僚組織に挑戦してみようじゃありませんか。

めんどくせー職場

鍋田吉郎作・並木洋美画『現在官僚系もふ』（小学館）というマンガがある。主人公の平山茂夫（通称もふ）くんは、財務省に勤める新人官僚である。

で、財務省って何なの、という人のために説明してもらおう。

Ｍｉｎｉｓｔｒｙ　ｏｆ　Ｆｉｎａｎｃｅ――通称「ＭＯＦ《モフ》」100兆円以上の国有財産の管理、国債の発行、為替レート安定のための介入、税関での密輸品の摘発、税金の徴収…中でも、予算編成権という絶大な権力をよりどころに霞ヶ関に君臨し、日本を動かしている官庁の中の官庁……それが財務省（旧大蔵省）である（第１巻より）

財務省職員の中でも、国家公務員Ｉ種試験をパスした通称「キャリア」と呼ばれる人たちは、エリート中のエリートである。簡単にいってしまえば、東大出身者がうろうろしている職場なのである。ところで、肝心の主人公であるもふくんは、三流大学の宝光大出身。公務員試験をまぐれで受かっちゃった人である。彼は、優秀な同僚や上司に戸惑いながらこういう。

何もかも全然わからないよ…やっぱりぼく、場ちがいなんだろうか……（同上）

たしかに、もふくんは生き馬の目を抜くエリート集団では浮いている。しかし、もふくんがお役所で浮いている理由は単に優劣の問題だけではない。このマンガをじっくり読んでわかるのは、彼は官僚組織になじまない官僚らしくない官僚なのである。

官僚組織の特性について、先輩官僚の緑さんは教えてくれる。

民間企業なら上司に睨まれても売り上げを上げたり、ヒット商品を開発すれば出世できるわ。でも、役所にはそれはない。あるのは唯一絶対の評価基準——上司の目だけ！（同上）

それじゃ、官僚は上司に向けて優秀さをアピールするだけでいいのだろうか。そうでもないところが難しい。続けて緑先輩に教わろう。

あえて隙や弱みを見せて自分が好ましい人物、個性的な人物だと印象づける…（同上）

つまり、上司の評価だけを意識しつつ、同僚にねたまれないようにするわけである。お役所とは、面倒臭い職場なのである。

みんなで
エラくなろうとしなければ、
財務省《ここ》を今すぐ
変えられるじゃないですか！

鍋田吉郎・並木洋美『現在官僚系もふ』小学館　ビッグコミックス　第1巻 p.128

ボケキャラで風穴を開ける

おかしいと思いながら、命令系統には逆らわない組織は問題である。だけど、官僚組織の問題はお役所だけに限らないことにも注意したい。どんな組織でも、一歩間違うと顧客無視の内向き仕事は発生するのである。

東大首席卒業の同僚官僚のヤマケンくんは、腐った組織を変えるには自分が偉くなるしかないという。

しかし、その発想で官僚組織病は治るのであろうか。かりに自分が偉くなったとき、自分自身が組織病の患者になっている可能性はないのだろうか。大げさにいえば、今変えるか偉くなってから変えるかは、永遠の問いなのである。官僚組織病の対策は難問であろう。

まったく期待はしていないが、天然ボケキャラのもふくんにも聞いてみよう。彼は、悩むヤマケンにいう。

みんなでエラくなろうとしなければ、財務省《ここ》を今

すぐ変えられるじゃないですか!（同上）

う～ん。もしかしたらこれが答えかもしれない。ガチガチの官僚組織に対する有効な攻略方法は、堅苦しく考えることではなく、まずは、風穴を開けて風通しをよくすることである。そのためにも、もふくんのボケキャラは貴重なのである（本人はまったく意識していないが）。

官僚組織病に悩む職場のみなさん、もふくんのようなボケキャラは必要ありませんか?

8　『医龍』に教わる最強チームの作り方

足し算の発想、掛け算の発想

会社という組織は、個人の仕事の成果を厳しく問う場所である。とくに近年、そのような成果重視の傾向は強まっている。

しかし、そのような成果重視の風潮にかかわらず、何か会社全体に疲労感のようなものが蔓延していると思うのは、私だけであろうか。

もちろん、利益を追求する会社が従業員に成果を求めることは当然である。しかし、成果重視への切り替えが、結果として会社全体の成果につながっていない可能性も高いのである。

従業員一人ひとりに仕事の成果を求めれば、会社の成果も増えるだろうと考えるのは、正しいようだが、これは単純な足し算の発想でしかない。仕事には、足し算だけではなく掛け算の発想も必要なのである。

足し算の発想に欠けているのは、個人と会社の中間にあるチームという組織であろう。厳密にいえば、チームを組織というのは適切ではないかもしれない。ここで、あえてチームを定義すれば、〝関係〟になる。

皆さん、自分自身の仕事を思い浮かべてほしい。仕事の成果は、自分の能力や努力によって決まるだけではなく、誰とどのように仕事をするかによって大きな影響を受けている。

では、成果につながる関係とは何であろうか。

二つのチーム

乃木坂太郎著・永井明原案『医龍』（小学館）というマンガがある。大学病院を舞台にしたこの医療マンガの主人公は、最高水準の技術を持った天才外科医、朝田龍太郎である。しかし、朝田さんは、世界最高水準のウデを持ちながら大学病院の直属上司である教授に背いたという理由で病院をクビになっていた。

医療の世界は、医局という教授を長とした組織が絶対的な権力を持ち、その力は学閥という形で一病院にとどまらない。それゆえ朝田さんは全国的に干されてしまったのである。

そんな朝田さんに手を差し伸べたのは、明真大学付属病院、胸部心臓外科の加藤晶助教授である。彼女は、男性中心の医者の世界にいながら教授に上りつめようとしていた。朝田さんを利用して超難心臓手術であるバチスタ手術を成功させれば、医学界での成功と教授昇進が手に入ると考えたのである。その結果、彼は、明真大学付属病院で働くことになった。

ただし、働くといっても、朝田さんは金に目がくらんで仕事を受けたわけではない。彼は、加藤助教授にこういう。

俺はあんたのために来たんじゃない。ただもう一度、新しいチームを作ってみたくなった――それだけだ（第１巻より）

朝田さんの外科医としての人並み外れた能力と歯に衣着せぬ態度は、医局という組織を揺さぶっていく。彼は、平然と「技術《うで》のない外科医は、それだけで罪だ」（第７巻より）という。これでは反発を招くのは致し方ないのだろう。同僚は苦々しく叫ぶ。

…医局は、お互い助け合う一つのチームだ…――だが朝田の奴は、和を乱す事しか考えてない――!!（第２巻より）

この発言から、朝田さんのことを単なる自己中心的で嫌な奴と思わないでほしい。彼は自分の能力を過信しているわけでもなく、優れたチームが自分の技術を活かしてくれることを十分に理解しているのである。

「手術《オペ》より、医局内の立場が大切な医者とは、チームは組めねーんだよ」（第１巻より）といい放つ

死にものぐるいで――
全員の役に立とうとするのがチームだ。

乃木坂太郎・永井明『医龍』小学館　ビッグコミックス　第４巻p.11

朝田さんが作りたいチームと、同僚が考える医局というチームは、どこがどう違うのだろうか。

たった一つの目的

たしかに、医局という組織は、組織構成員である仲間によって成り立っている。ところが、その仲間意識が医療ミスのかばい合いすら生み出してしまう。助け合いとかばい合いが同じになってしまうのが、医局という組織の特質である。いい換えれば、医局には、患者がいなくて仲間しかいないのである。

朝田さんのチーム作りは、まったく正反対である。彼に頭の中にあるのは、患者を救うことだけである。つまり、チームの目的が最初にあり、そのために仲間が必要となるのである。

目的があるからチームが必要になる。チームがあるから目的（のようなもの）が必要になる。この二つの考え方は似て非なるものである。前者では、目的が外から与えられており、個人に求められる成果が具体的にイメージされるが、後者では、チームが自己目的化しているのである。

朝田さんのチーム作りを理解すれば、われわれが抱える仕事への不満も理解できるのではないか。われわれは、個人の成果を問われることに疲労しているのではなく、自分の成果が問われる意味、つまりチームの目的を探しているのである。

9 『ワーキングピュア（Working Pure）』に見つける一歩一歩の仕事物語

等身大の主人公探し

働く人の実感を見つけるために、仕事と職場がテーマのマンガを探している。仕事でマンガを読めていいですね、といわれることもあるが、そんな楽な仕事ではないと私はいいたい。教材選びにはいつも苦労しているのである。

私が知りたいのは、マンガに描かれた仕事や職場であり、そこから読み解きたいのは、主人公たちの仕事観である。

ところが、実際、マンガのなかで一般読者と等身大の主人公が描かれることは少ない。物語として成立するには、極端な例が取り上げられることが多いのである。仕事ができる主人公、もしくは仕事がまったくできない主人公が物語を生み出している。

もちろん、そんな特別な主人公の体験や仕事観から学ぶこともある。また、かっこいい主人公に憧れたり、ダメな主人公に共感したりする読者たちの思いを読み解くことも、マンガを用いた仕事学の重要な手法である。

しかし、等身大の主人公のマンガも読んでみたい。私も一読者として等身大の戸惑いや苦労や成功を感じてみたいのである。

仕事の物語

小山田容子著『ワーキングピュア（Working Pure）』（講談社）というマンガがある。主人公は、しらゆり銀行駅前支店で働く銀行員たちである。一つの職場を舞台とした短編マンガの連作である。

このマンガの主人公たちは、特別大きな仕事をするわけでもなく、大きな失敗をするわけでもなく、特別な才能に恵まれているわけでもない。そんな普通の仕事人にも仕事をめぐる物語はある。われわれが普通の銀行員に物語がないと思ってしまうとしたら、それは探す力がないからだと思う。作者である小山田さんの探す力に助けてもらいながら、等身大の仕事物語を味わってみよう。

たとえば、新入社員の内原優くん。彼は、第一志望だったメーカーに落ちてしらゆり銀行に就職した。内原くんは、仕事に対してやる気なさげな新入社員である。彼はこう思う。

ガツガツ生きるより楽しみ優先。ただやみくもに頑張ったって見苦しいだけじゃないか（第1巻より）

地方の優等生だった内原くんが東京の大学に入学して思ったことは、「所詮おれは田舎のお山の大将、負けるための勝負なんてしたくない」（同上）というあきらめであった。

そんな彼の目を覚ましてくれたのは、一般職の先輩女性社員の仲井さんであった。彼女は、仕事に積極的になれない内原くんに次のようにいう。

全部受け身で自分から学ぼうとしないっていう態度はどうかと思う（同上）

むろん、この言葉だけを聞いても内原くんは変わらなかったと思う。彼が変わったのは、仲井さんの仕事を見たからである。彼女は、一般職の事務仕事を続けながら総合職を目指して働いていた。今のどんな仕事にも全力を尽くし、そのうえで将来の仕事を探す姿は単なる出世志向とは異なる。その仲井さんの姿が、内原くんの気持ちを仕事に向けていく。

仲井さんの総合職希望は、残念ながらしらゆり銀行では受け入れられなかった。転職を決めた彼女に内原くんは次のようにいう。

仲井さんがいなくなったら誰が仕事を教えてくれるんですか!?（同上）

小山田容子『ワーキングピュア（Working Pure）』講談社　コミックス Kiss　第1巻 p.40 ©小山田容子／講談社

彼女は、「わたしのかわりなんていくらでもいるよ。それが仕事ってもんでしょう」と、笑って答えた。

たしかに、そうだ。仲井さんがいなくなっても仕事はスムーズに進んだ。でも、それは、あとの人が困らないように彼女が自分の仕事を整理して退職したからなのだ。

仕事観を変える！

目立たない仕事の価値を発見した内原くんは次のようにつぶやく。

オレの思っていたかっこよさって一体なんだったんだろう（同上）

仲井さんの仕事は、舞台裏の目立たない仕事だけど、そして誰もその価値に気づかないけど、その小さな仕事を発見したときにわれわれの仕事観は変わるのである。

このマンガの作者は、仲井さんの仕事の価値を発見し、われわれに伝えてくれる。お説教臭くではなく、内原くんと一緒にわれわれもまた気づくのである。

その視点は鋭い。しかし、その鋭さを感じさせないような温かな視線もある。その温かさは、ラストシーンからも読み取れる。

銀行員の仕事に前向きになった内原くんが営業先の会社を訪問する。社長は、そういうことは経理の見和さんにすべて任せてあるという。

……そう見和さんとは、経理の仲井見和さんであった。再会を果たした内原くんはいう。

オレ、この日を楽しみにしていました（同上）

二人の笑顔が読者の仕事観をさらに変えてくれるのである。

第4章　ダメ、でもキャリア

世の中に流通するキャリア本や自己啓発本には、つねづね違和感を持っていた。私自身、けっこう読んでしまっているのが、なんとなく悔しい。

とにかくキャリア本とは相性が悪いというか、苦手なタイプといいますか。その理由として、本の作者が自信満々で自己効力感が異様に高いことがあげられる。ビジネスの場面では、自信がないよりもあるほうがよいことは、私もわかっているが、取っつきにくいといいますか……ハッキリいってしまおう。嫌いです。

自慢話を聞きながら自分のキャリアを考えたくないというひがみ根性が一〇〇％になってしまうくらいならば、とことん逆を選んでやろうと思った。この章で取り上げた仕事マンガの主人公は、社会的には「ダメ」である。自己効力感が低い人を集めてどうなることかと私も思ったが、書いている本人がいうのも変であるが、ここの文章を書くことは楽しかった。それに読み直してみても、暗い気分にならないのが不思議である。

明るさはマンガの力であろうか。「ダメ」でも「ダメキャリア」じゃないという気分は、単なる楽観ではない。それは、われわれがとらわれているガチガチのキャリア上昇願望からの解放なのである。思い込みからの解放は楽しいはずである。

1 『THE3名様』に見る当世若者就業事情

ニートをめぐるあれこれ

ニートという言葉が流行語になり、その後一般用語となった。仕事をしていない、というよりも仕事を探していない。なおかつ学校にも通わず、あらゆる訓練を受けていない若者を指し示すらしい。

世間では、深刻だから何とかしろ、というい方が大半を占めている。たしかに私も、現代の若者就業事情は深刻な問題を含んでいると思う。

が……しかし、だからといって政治家や官僚がニート問題を声高らかに語っているのを見ると、その楽観的な見通しに腹立たしい気分になる。要するに、若者たちを脅したり、叱りつけたりすれば何とかなると思っているのである。実際、ニートと呼ばれる若者たちに会ってみた人はどのくらいいるのだろうか。

そもそも、フリーターにしてもニートにしても言葉自体が曖昧である。日本ではカタカナになると物事の実態は隠蔽されてしまう。

働け、働けと叫んでも何も変わらない現状を、われわれはどのように考えればよいのか。ここでは、慌てずにゆっくり考えてみたい。

ダメダメでゆるゆる

石原まこちん著『THE3名様』（小学館）というマンガがある。このマンガの舞台は、深夜のファミリーレストランである。主人公は、そのファミレスを訪れる3名様である。ミッキーこと森原幹夫、まっつんこと松田謙介、ふとしこと木村卓也である。

小学生時代からの顔見知りの三名は、二〇代を半分以上過ぎても、特別何をするわけでもなく生活している。高校卒業後、進学もせず、定職にも就かず、アルバイトだけの実家生活である。

この三名は、マンガの登場人物なので極端ではあるが、ある意味、若者たちの現実をデフォルメしながらも的確に伝えている。

お客も少なくなった深夜のファミレスでは、ほとんど意味なしの会話が彼ら三名によって繰り広げられている。たとえば……こんな会話がある。

「UFOって信じる？」「まっつんの着信音、何？」「あ――…なんか…夏っぽいコトしねぇ？」「でもさ、結局最後にはコーラ、飲んじゃうんだよね」（第1巻より）

う〜ん。抜き書きしている私自身も脱力してしまうセリフの数々だ。

「あと1000年らしーな。地球の寿命」（同上）というミッキーの一言から、宇宙船で逃げる話、その宇

石原まこちん『THE ３名様』小学館　ビッグコミックスピリッツ
第１巻 p.100

宙船乗組員に選ばれる話、さらに選ばれるために資格を取ろうとする話、というようにゆるゆると話がつながっていく。で、……結局、「なんかこう…ピンとこねーなあ…オレにピッタリの資格がさあ……」(同上)という結論になる。

うーん。ほんとに発展性がない会話である。ニート問題だ、格差社会だと騒ぐ世間を尻目に、こんなおバカな会話が夜な夜な繰り広げられているのだから、まだまだ日本は平和である。

もちろん彼らを見れば、世を憂える大人たちは激怒するのだろう。しかし、働けと怒ったところでその声は彼らには届かないのである。心静かにもう少し彼らを観察してみよう。

あきらめからの出発!

お金もない。定職もない。ないないづくしの若者たちが持っているのは、小学校時代からの友だちとあり余る時間である。その友だちとの時間を有効に使うことなく、ただダラダラとファミレスの中で消費してしまう。

彼らに決定的に欠けているのは、未来である。いい換えれば、未来を想像することをやめている。未来を考えるくらいならば、むしろあきらめる、というわけである。

働けという叱咤は、いい方を変えれば、今働けばこれからよい未来があるよ、となる。要するに、若者たちの上昇志向を刺激しているのだが、実際のところ、働くことはそう易々と明るい未来を与えないのである。それをウスウスわかっているから、未来なんて考えないという生き方を無意識に選択しているのだと思う。もちろん、いらないといってもいずれ三〇代、四〇代という現実の未来はやってくるのだが……。では、彼らはどうすればいいのか。

正直、けっこう、難しい。

宵越しの金は持たないと江戸っ子はいったが、それは技を持っていたからいえること。彼らには、能力もスキルもないのである。

少なくとも意識のうえでは、今が永遠に続くような退屈さを乗り越えるには、とりあえず未来をじっと見ることが必要であろう。

不安になれというつもりはないし、また安定した未来もありえない。でも、だからこそ、未来を見つめる喜びと不安を同時に伝えるという困難な試みが求められている。あきらめるな、じゃなくて、あきらめた地点から出発するしかないのである。

2 『ギャンブルレーサー』に発見する仕事のか・る・さ

不真面目に仕事を考える？

この本では、マンガを素材にしながら、今を生きる人たちにとっての仕事の意味を考えている。たくさんのマンガ作品と出会い、仕事について考えてきた。

実際、知り合いの読者からも「よく書くことがありますね」とか、「そんなにたくさん仕事に関するマンガがありますか」という質問を受ける。

もちろん、大丈夫である。日本は、世界に冠たるマンガ大国である。毎月、毎週、仕事に関する新しいマンガが生み出されているのだから、私の仕事にも終わりがないのである。

しかし……私も、真面目な社会人たちの仕事を真面目に考えるだけでは飽きてしまう。たしかに仕事は人生の大半を占めるものだけど、仕事の意味を考えすぎても、息が詰まってしまう。

頭でっかちに仕事を考えるべきではない。世の中には、考えすぎて、かえって仕事を見失っている人がたくさんいるので、なおさらそう思う。仕事って奴は、〝ときどき〟真面目に考えるくらいがちょうどいいのである。

そう考えると、やっぱり、気軽に読めるマンガは仕事学の最高のテキストかもしれない。さらに今回は、もっと不真面目に仕事について考えてみよう。

愚かで楽しいギャンブル

田中誠著『ギャンブルレーサー』（講談社）というマンガがある。主人公の関優勝《せきまさかつ》氏は競輪選手である。競輪といっても、あまりなじみがないスポーツかもしれない。競輪、競艇、競馬、オートレースは、スポーツであり、なおかつその順位にお金を賭けて遊ぶことができるギャンブルである。べつに競輪選手だからといっても、関氏は賭けられる対象なのであって、自分自身がギャンブル好きである必要はないのだが、不良選手である彼は大のギャンブル好きなのである。

関氏は、一流の競輪選手として、サラリーマンが数ヶ月かかっても稼げない大金を手にしながらも、日夜（競輪以外の）ギャンブルにお金を流し込んでいる。ギャンブル以外の趣味といえば、お金をすった後、安酒をガブ飲みすることぐらい……われわれが彼から学ぶことは、ない。

こんなダメ人間である関氏も、実は結婚していて、しっかり者の奥さんと一人息子の優一くんと暮らしているから不思議である。世の中、バランスなのだろう。優一くんはこういう。

お母ちゃんだって言ってたよ。お父ちゃんは悪いことばかりして遊んでるって！（第１巻より）

このセリフに対して関氏は真面目に答える。

世の中の人が一カ月間汗水流して働いて給料もらうでしょ。それをお父ちゃんはネ吸い上げるのが仕事なの！（同上）

たしかに……関氏からは、人格的にも学ぶことはない。

田中誠『ギャンブルレーサー』講談社
モーニングKC　第1巻

このマンガは、関氏とその悪友たちというダメ人間が満載の作品なのであるが、お金に意地汚く、本能のまま生きている彼らを見ていると、不思議と気分が軽くなっていることに気がつく。この軽さの意味を考えてみたい。

関氏にとって、お金を稼ぐだけならば競輪だけでも十分であろう。しかし、ギャンブルで稼ぐお金の味も、また〝格別な軽さ〟なのである。

本音の軽さ

不良ギャンブルレーサーから仕事について学べることは皆無なのだから、むろんこの原稿にも教訓という結論はない。

しかし、人間が愚かで何が悪いのだろうか。われわれが、意地汚く愚かなギャンブラーの魅力に引きつけられるのも、これまた真実である。

たしかに本音だけで生きる人は、はたから見れば愚かに見える。でも、仕事の意味を真面目に考えるのも人間であろうが、日々意地汚く、欲深く生きるのも人間なのである。

頭でっかちな人は、仕事の意味を問いすぎる。意味を問う人は、仕事経験が少ない若い人に多い。具体的な仕事経験が少ない分、抽象的に仕事を考えてしまうのである。若者たちは次のようなことをつぶやく。「自分に本当に合う仕事って何だろう」「やりがいのある仕事を見つけたい」と。

青臭いね。答えを教えてもらおうとする学生根性が抜けていません。

無意味（愚かさ）の上に意味を積み上げるのだから、まず、愚かさを忘れちゃいけないと私は思う。ある意味、仕事に関して悩むのは簡単、落ち込み重くなるのは簡単。しかし、軽くなるのは、意外と難しいのである。

仕事も人生も、軽くいきましょ、軽くね。

3 『僕の小規模な失敗』に発見する若者の暗い葛藤

暗い若者の現実

おじさん世代に片足（両足？）を突っ込んでいる私にとって、若者たちは異星人である。これは、正直な感想である。

ニートやフリーター、ワーキングプアなどの若者問題について批評家が語っている。その語る中身には、いちいち納得できるのだが、語っている人には違和感を持つことが多い。「ほんとにわかっているのかな～」という感想を持ってしまうのである。

私の場合、若者問題を分析的に語ることはできても、共感しながら若者問題を語ることはできない。考えてみればこれは不思議なことである。自分自身も若者だったことがあるのに、若者がわからないと感じるのは、昔の若者と今の若者が違うからなのか。

若者を語る大人に対する違和感のひとつは、語る人も、語られる若者も、そして語り方も、とても明るいということだ。明るい若者とは、大人から見れば都合がよい存在であろうが、実際の若者とは乖離《かいり》していると思う。

本来、若者とは、暗い存在であり、若者にしかわからない心の葛藤がある。その内面を理解するためにも今回は暗い自伝マンガを取り上げよう。

ダメになる予感

福満しげゆき著『僕の小規模な失敗』（青林工藝舎）という私小説マンガがある。私小説でマンガとはおかしないい方ではあるが、今では死語となっている私小説という表現形式をマンガという媒体で復活させたような作品である。作者である福満氏が自身の生活を率直にさらけ出している自伝的な作品なのである。あらすじは、次のような感じである。高校入学後、友だちも作れず、勉学にも身が入らず、「すべてがダメになる大いなる予感」を抱えつつ、現状を打破して一気に突破できるような何かを探して、マンガを描きはじめる。高校中退後は、本格的にマンガ家を目指すが、マンガはなかなか描けない。

僕はそもそも何が描きたいとかそーゆうのが無い。どういう根拠で自分がマンガ描けると思ってたんだっけ…？

表現したいものがあるわけではないが、表現を選ばざるをえない者の苦しみがこのマンガには描かれている。

福満しげゆき『僕の小規模な失敗』青林工藝舎 p.114

それで結局、定時制高校へ再入学。なんとかマンガは描き続けたので、とうとう読み切りが雑誌に掲載されて有頂天になる。しかし、その後は載ったり載らなかったりの繰り返しで最終的にはスランプに突入。結局、大学に遅れて入学するも、早くもとけ込めなくなったり、失恋をしたり……。

ハッキリいって、前向きな話はまったくない。後ろ向きでネガティブな部分がこれでもかと表現されている。

しかし、ここまで繰り返し自分の葛藤をさらけ出されると、これこそ現代の私小説と呼びたくなる。彼は、心の中で次のように叫ぶ。

恋愛ゲームにも参加できず…漫画コンクールで相手にされず…学歴コースからも脱落しちゃって…僕は……どのスタート地点にすら立ててないわけだから…まだ何もはじまってないわけだ…なのに…もう…ずいぶん…なんだか…もうずいぶん失敗しちゃったような…まあこんな感じで続くのか……僕

の…

そして、「怖〜〜〜い…怖〜〜〜い」という心の叫びが、そこにある。ここまで露骨に自分の弱い部分を提示されると、思わず読みながら引き込まれてしまう。たしかに作者の叫びも振る舞いも極端ではあるが、このマンガを読むと、そんな若者の葛藤があることを理解できるのである。

自意識の迷路

社会というルールを理解できず、うまく立ちまわれない。内向的で社会性がなく、なおかつ、ないことを過度に気にかける。一言でいえば、自意識過剰ということになる。つまり、このマンガの面白さとは、この自意識過剰の空回りを笑えるエピソードとして描いているところである。

同窓会に参加するかどうかを悩む福満さん。「同窓生の動向を普段からたえず気にして妬んで寝こんでいる僕だからこそ…あえて行かねばならない」と思うのだが、結局、「皆…塾に通ってきびしい受験戦争をくぐぬけたはずなのに…誰もたいした成果を得られてないみたいだったじゃないか…」と気づく。

そうであるならば、彼の劣等感は解消されたのであろうか。ところが……彼の悩みは解消されない。今度は、「普通＝たいしたことない」を受け入れないのである。普通になれない自分ってダメなんじゃゃ……自意識とは深い泥沼のようである。

「みんな大人になったんだよな、僕も大人になったんだよな」というつぶやきは、福満氏の作家性が生み出した特異な感情なのか、それとも若者たち、いやわれわれにとって普遍的な感情なのであろうか。

それを確かめるためにも、このマンガを多くの人たち読んでほしいと思う。

4　『黄色い涙』に再発見する青春の問い

青春の悩み

自分よりも年下の人と話す機会が多い。他の同年代（おじさん）と比べると、若い人と身近に話す機会があるのは、お得だとしみじみ思う。それは、忘れていた若いときの悩みを再発見することができるからである。

もちろん、若者たちの悩みなんて、結論が出ない、きわめて青臭いものである。好きなことを仕事にするべきなのかとか、他人に合わせて自分の主張を曲げてもよいのかとか……こう書いているだけでも恥ずかしい青臭い悩みを若者たちは語るわけである。

大人としては、そもそも曲げるほどの主張があるのかと突っ込みを入れたくなるのだが、しかし、その悩みに耳を傾けると、自分自身の若い頃を思い出すこともまた事実である。たまには青さを思い出してみるのも悪くない。むろん、マンガを読んで思い出すのである。

自己表現へのこだわり

永島慎二著『黄色い涙』（マガジンハウス）というマンガがある。今の若い読者は永島慎二氏を知らないかもしれないが、彼は一九六〇年代から七〇年代にかけて活躍した漫画家である。永島作品は、マンガ好きの間で人気を誇った。

『黄色い涙』の主人公も作者自身を連想させる漫画家、村岡栄である。彼は、三年間の修業期間を経て、ようやく漫画家として独立したのもつかの間、一、二作品が売れただけで、あとは鳴かず飛ばずとなった。

編集者は「とにかくきみの作品は暗くていけません。これじゃだめね。もっとハデにこうベッドシーンとかグラマーとかをどかどか入れなきゃあ」とアドバイスする。

しかし……彼は、何かにこだわらずにいられない。それは何かと問われれば、実は村岡くんにも答えられない。それこそが青春の悩みというやつであろう。そんな村岡くんは、阿佐ヶ谷（サブカルチャー史を象徴する土地である）にて仲間と同居生活をはじめる。奇妙な同居人たちは、絵描き、詩人、歌手の希望者たちである。貧乏で不器用だが、純粋さも兼ね備えた悩める若者たちである。

漫画家でありながら何も描けない村岡くんに、雑誌の編集長は次のようにいう。

ハッキリいうとね。あんたがいま目指している方向ではこんご十年間は食えませんぜ。良心的すぎる……売れないね…

売れない、という一言に動揺する村岡くん。しかし……彼はこだわらずにはいられないのだ。自分の表現したいものは見つけていないけど、表現にはこだわりたいという悩みがそこにある。自信はないが、自己表現にはこだわりたいという気持ちは若さに共通するものであろう。

このマンガを読んでいると、なんだがこそばゆくなる。それじゃあ、お前は読みたくないのかと問われれば、読みたいと答えるしかない。主人公の村岡くんに共感できるような、できないような不思議な気分である。

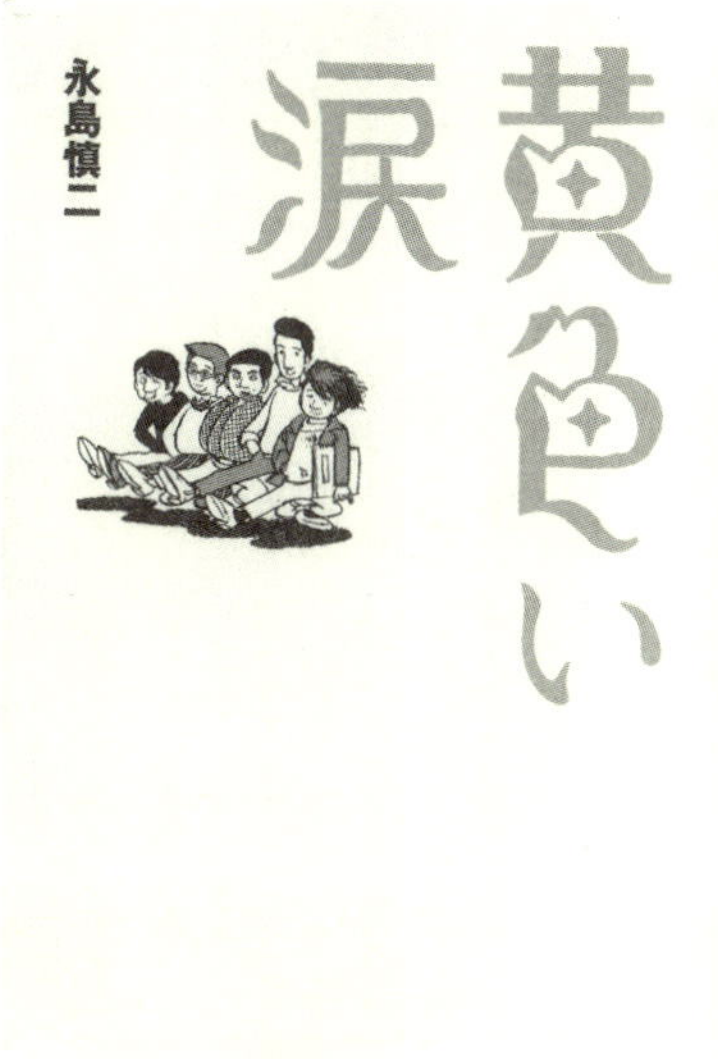

永島慎二『黄色い涙』マガジンハウス

解答がない問い

村岡くんの思いは、大人になるとなかなか思い出さない感情である。たとえ才能がなくても、表現したい何かがなくても、表現をしたいという思いはある。その結果につながらない思いはどこへ行けばいいのか……。

見方を変えれば、仕事に自己の表現を求めるのは自然な感情だと思う。ここでいう表現という言葉が極端ならば、自分らしさを求めるといえばよい。

しかし、われわれは、そのこだわりを徐々に忘れてしまう。忘却しなければ、仕事なんてまともにできないのは現実である。ただ、このマンガを読んでいると、あらためて気づくのである。若い頃の青臭い悩みは、自分の中で解決されたのではなく、いつの間にか忘れてしまっただけだ、と。

たしかに、忘却も大人になるためには必要なことであろうが、考えなくなっただけなのである。そうであるならば、完全に忘れるのではなく、ときどき過去を振り返り、この未解決の問いを思い出すことも、大人の仕事観を作るには必要なことではないか。

最後に、編集長にいわれるままに結局、不本意な作品を描くことになった村岡くんのセリフをあげよう。


たしかにオレは……自分の体の半分は……売っちゃったさ…しかし、あとの半分は残してあるんだ。その半分のために、オ、オレはたとえ殺されたって、守るべきものは守るんだ

青臭い。でも……解答がない問いにも役割はあってほしいと願う。

5　『バイトくん』に発見するモラトリアムの効用

学生もたいへんなんだ！

最近、世の中に出まわる就活本を数冊読んでみた。むろん、自分自身の就職活動のためではない。就活本の主な読者は大学生である。つまり、学生の就職支援という仕事のために就活本を読んでみようと思ったのである。

学生の就職支援は大学の就職部が行なう、という時代はすでに終わっている。大学教員も大学生の就職活動をお手伝いしなければという空気（圧力？）がある。

一方、学生たちのほうも、熱意と不安が入り交じった目をしている。そんなに慌てなくてもよいと思うのだが、なにしろ景気に大きく左右されるのが新規学卒採用である。経済の先行きが心配される時代、学生の就活に対する不安は大きい。

われわれ大人が注意すべきは、就職支援をする際に、ついつい自分の体験を持ち出してしまうことではないか。はっきりいって昔の話を持ち出されても、若者も古い情報に戸惑うのではないか。だからこそ、最新情報を仕入れておこうと思ったのである。

それで、就職本を読んだ感想をいうと、「当たり前のことが書かれているだけじゃないか」であった。

やりたいことを見つけろとか、面接官のことを考えろとか、昔から変わらぬところがあり、思わず私も安心してしまった。

当たり前は、けっして悪い意味ではない。学生たちにとってははじめて聞く、役立つ知識であろう。しかし正直、その語り口には大きな違和感を持った。当たり前のことなんだから、普通に話せよ、不安を煽《あお》るような書き方をしながら、なんでこの本の著者は自信たっぷりなのか、と思った。大人にとっては違和感だけで済むのだろうが、学生の受け取り方を考えると、危険である。

考えてみれば、就活本は商売なのだから当然である。不安にさせれば、この種の本は売れるのだ。アマノジャクの私は、まったく逆の世界を紹介したくなった。あえていいたい。こんな学生生活もいいじゃないか、と。

大学は教育機関なのか？

『バイトくん』（双葉文庫）というマンガがある。天才マンガ家、いしいひさいち氏のデビュー作にして代表作である。架空の東淀川大学という三流大学に通う学生たちの日常を描いたギャグマンガである。

仲野荘という昔ながらの安下宿（というよりボロ下宿）に住む男子学生たちは、大学では勉強せず、女性と恋愛もせず、アルバイトはするのだが、いつだって貧乏である。貧乏という以上に、ダニあり、

いちいひさいち『バイトくん』双葉社　双葉文庫 p.14 ©いしいひさいち

蚤ありの不潔生活である。

大学生といえば、サークル活動があると思うかもしれない。しかし、主人公たちが参加しているギリシア問題研究会は、堅い名前なのだが……その中身は不明である。

「なにをするサークルなんですか?」という新入生の質問に対して先輩たちはこういう。「なにもしないんだよ」(第1巻)。

学生が学生ならば、教える側も、どこまでもお気楽で怠惰である。休講の張り出しを見て、時間つぶしのために入った喫茶店で、教授がゆっくりとコーヒーを飲んでいたりする。大教室にたった一人の学生、その学生が一つ前の授業のテキストを枕に長い居眠りを続けている場面は、呆れながらも思わずクスッと笑ってしまう風景である。

このマンガで描かれる大学世界は、もちろんデフォルメされているのだが、実は昔から変わらぬ大学の姿でもあった。バブル崩壊以降、大学は、〝教育機関らしく〟なってしまったのである。ちょっと寂しいと思うのは私だけであろうか。

大人の役割は「待つ」

このマンガの大学世界が、懐かしく、愛しく感じてしまうのは、誰にとっても何者でもなかった青春の記憶とつながっているからであろう。

何者でもなかったことが、将来役に立つこともある。それは、モラトリアムという言葉の正確な意味において正しい。この言葉はマイナスの意味で使われることも多いのだが、大人になるための社会的に認められた猶予期間（モラトリアム）は、猶予というよりも準備という側面を持つのである。学生たちに大人になることを急がせることは袋小路じゃないか。

むろん、バイトくんたちのギャグ生活が実際の生活であったならば困るのだが、でも、隠された価値に光を当てていることを積極的に評価したい。つまり、何者でもないという状態が次なる決断を用意し、その後の人生を豊かにすることだって、必ずある。

答え、急がせるな、答え、与えるな、そして待て。待つことが大人の役割だとするならば、若者を待つことができない現代社会はなんて息苦しい社会なのであろうか。

6 『ぼく、オタリーマン。』に発見する青年と中年の間にある静かな選択

青年でも、中年でもなく

最近、若い女性が元気だという話をよく聞く。若い女性が消費の中心であることはこれまでと同じであるが、それだけではない。企業の人事担当者も、口を揃えて男性若手社員よりも女性若手社員のほうが元気だと答える。とくに二〇代後半〜三〇代前半の男性は元気がないらしい。消費の側面でも生産の側面でも、彼らの存在感はかなり薄いのである。

この年代の独身のサラリーマンはそこそこ多い。自由になる小金は持っていて、仕事もそれなりにこなしていると思うのだが、仕事でも余暇でも存在感がないのである。

彼らは、ボーナスを何に使っているのか、休日は何して遊んでいるのか。その実態は不明である。青年でも中年でもない彼らの日常を探ってみたいと思う。

オタクで、サラリーマン

よしたに著『ぼく、オタリーマン。』（中経出版）というマンガがある。タイトルからすぐに想像が

よしたに『ぼく、オタリーマン。』中経出版 p.76

つくと思うが、オタクのサラリーマンが主人公である。まずは、この一人語りマンガを、作者本人に紹介してもらおう。

この本は僕が―仕事や恋愛や友情や、そういったものにちょっとずつ挫折していく過程を描いた日記まんがです

つまり、このマンガは、ちょっぴり自虐的な私小説マンガなのである。そろそろ三〇歳になるのに恋人もいなくて、仕事もしんどい、そんなシステムエンジニアの日常を自己観察した作品なのである。

このマンガの第一の魅力は、その細部にわたる仕事生活のリアリティである。たとえば、深夜まで残業していたら会社に閉じ込められそう

になったり、会社の健康診断で一喜一憂したり、同僚の女性と話すときに目が見られなかったり、ベランダの缶ビール一杯で癒されたり……、このマンガは、そんな主人公に共感したいような、でも共感したくないような不思議な感覚を味わわせてくれる。

いや、正直に告白しよう。少なくとも私は、その小さな挫折にめちゃくちゃ共感してしまう。元気がないという一言では片づけられない内気な男性のシンドサの原因は、いったいどこにあるのだろうか。

静かな選択の季節

現代社会は、仕事でも、恋愛でも、友情でも、コミュニケーション能力の高さを無理矢理に求めてくる。空気を読み、ノリを理解し、流れに乗るということが当たり前にできなければ、ダメというわけである。ちょっぴりオタクで自意識過剰気味の男性には厳しい世の中であろう。

いっそのこと、たった一人で仕事ができたらどんなに楽だろうかと思うが、それはそれで寂しく人恋しいのだから、悩みは尽きないといえよう。

二〇代後半から三〇代前半は、あきらめの境地に立って、そんな世間と折り合いをつけるにはまだ若く、世間とぶつかるにはもう年をとっている。甘い夢は見ないけれど、そうかといってあきらめもしないという人生の選択期なのである。

よしたに氏は、プログラムの仕事が好きで、入社二年後にようやくプログラムの仕事を担当できた。が、その矢先の異動……彼はつぶやく。

んで次は、開発とは全く関係の無いプロジェクトの責任者になれってさ。業務命令だとさ。ただぼくは、静かに生きたいだけなのに

先ほど存在感が薄いと、ひどい書き方をしてしまった。ごめんなさい。中年直前の選択期、みんなは静かに戦っていたのである。

7 『劇画・オバQ』に見つける喪失の感覚

子供向けマンガの生命力

海外も含めて日本のマンガやアニメは幅広いファンを獲得している。日本マンガのキャラクターは世界中の人たちに愛されている。

全世界的な大ヒット作品としては、古くは『鉄腕アトム』にはじまり、『ドラゴンボール』『ポケモン』などが続く。また、優れた作品は海外へ広がるだけでなく、世代も超えている。自分が子供の頃に読んでいたマンガが今の子供たちにも読まれていることを知り、マンガ作品の生命力に驚く。

外国に広がり、世代も超えた最も大きな作品は何であろうか。その第一候補としてあげられるのが、藤子・F・不二雄氏による『ドラえもん』である。勉強もスポーツもできない男の子（のび太くん）が持っている、甘えや夢やほんのちょっとの勇気を描いた作品は、多くの子供たちを引きつけた。

こんな作品を描けるマンガ家は、大人になっても子供であり続けるという天性の才能を持っている人だと思う。

劇画でQ太郎!?

さて、このまま子供時代のマンガの思い出を語るのも楽しいのだが、それではいくら紙面があっても足りないし、この本の趣旨とは外れる。そこで、ほんの少し、話をずらそう。

『オバケのQ太郎』というマンガをご存じだろうか。藤子・F・不二雄と藤子不二雄Ⓐの代表作である。勉強もできず、弱虫な男の子である正ちゃんが、オバケの卵を拾ってきたのがきっかけで、戸惑いながらもオバケのQ太郎との友情を深めるという子供向けマンガである。

しかし、今回紹介したいのは、『劇画・オバQ』という作品である。劇画とは、写実的な作画でシリアスな物語を大人向けに描くマンガである。なぜ、劇画なのだろうか。

このマンガは、Qちゃんがオバケの世界に帰ってから一五年後の世界を描いている。正ちゃん（大原正太さんというべきか）は、すでに結婚し、大企業のサラリーマンとして安定した生活を過ごしている。目下の悩みは、クラスメイトであったハカセから脱サラ起業をすすめられていることである。

そんなとき、一五年ぶりにQちゃんが訪ねてきたのである。再会を喜び合い、昔話に花が咲く二人であったが、人生五〇〇年のQちゃんは昔のままである。リアルな世界を描く劇画の中では、Qちゃんは亀裂を生む。正ちゃんの奥さんは次のようにいう。

ねえ、なんとかしてよ。毎食20杯でしょ、マンガならお笑いですむけど、現実の問題となると深

正ちゃんか!?
ウ
ワ
ワッ!!
なつかしいな、おい!! 15年ぶりじゃないか!!

藤子・F・不二雄「劇画・オバQ」『ミノタウロスの皿』小学館　小学館文庫 p.110

刻よ

正ちゃんの家にも居づらくなったQちゃんを囲んで、昔の仲間が飲み会をする。ゴジラ、よっちゃん、木佐キザオ、正ちゃん、ハカセ、みんなはよっぱらいながら昔話をする。そして、昔と今と比べて次のようにつぶやく。

いろんなユメをもってたっけな…それが大人になるにつれてひとつ、またひとつ消えて……

そのとき！　突然、ハカセが「なぜ消さなきゃいけないんだよ」と叫んだ。そして、その発言が仲間の心に火を付けた。

「ニョーボがなんだ、会社がなんだア!!」と酔いに任せて盛り上がる仲間たち。一緒にハカセの起業計画に乗ろうじゃないか。彼らはともに叫ぶ、「おれたちゃ永遠の子どもだ」と。

しかし……次の日の朝、起業の話を宣言しようとする正ちゃんに奥さんは子供ができたことを告げるのである。喜ぶ正ちゃんの頭からは、起業の話は吹き飛んでしまう。Qちゃんは、次のようにつぶやきながら正ちゃんの家を旅立つのだった。

正ちゃんの子どもがね…と、いうことは…正ちゃんはもう子どもじゃないってことだな……な…

大人のほろ苦さ

このマンガの後味はほろ苦い。その苦さこそが大人（現実）と子供（夢）の葛藤を表現しており、われわれを引きつけるのである。いつの間にか大人になることは静かな喪失体験である。

ところで、読者の中にはひとつの疑問を抱える人もいるであろう。このような大人の作品を書いた人とは、いったい誰なのか。

その作者とは、実は、藤子・F・不二雄氏本人なのである。

先ほど私は、子供であり続ける才能と書いたが、それは氏が大人の現実を知らないということではない。むしろ、天才は失うことを知っているから、子供にも大人にもなれるのである。

優れたマンガ家は、子供と大人の間にとどまっている。われわれ大人が普段は忘れている感覚……その感覚をここでは喪失の感覚と呼ぼう。

今、喪失を意識することは、人生の選択を深く意識させると私は思う。何かを得ることと何かを失うことは同じなのだから……その感覚を思い出すためにも、おすすめの短編マンガである。

8 『お仕事しなさい!! C級さらりーまん講座番外編』に見つけるネガティブシンキングの効用

辞めたら解決？

長くて厳しい就職活動を経て、ようやく勤めることになった会社を数ヶ月で辞めてしまう若者がかなりの数で存在する。新卒という〝切り札〟は一生の間で一回しか使えない。厳しい入社試験に合格してせっかく就職したのだから非常に惜しいと思うのだが、入社前に描いていたイメージと現実が違うらしい。

むろん、「石の上にも三年、とりあえず三年間は耐えて働いてみろ」というお説教もありうるのだが、あまり効果がない。しかし、若者諸君、見切るのが早すぎないか。

もちろん、本人だけの責任ではない。自営業や職人などの仕事と比べて、サラリーマンの仕事は外からは見えがたく、イメージだけが先行しやすい。

そもそも会社は、自社の仕事を過剰に宣伝しすぎている。会社の日常を正確に伝えてないと思う。まあ、正確に伝えてもまったくメリットはないのであるが……。

過剰な宣伝の中から本音を読み解き、サラリーマンってこんなものだろうという認識、もっといってしまえば、あきらめ。そんな現実感覚がサラリーマン生活を救ってくれることだってあるのではないか。今回は、いつもと見方を変えて、ネガティブシンキングの効用について考えてみたい。

変な会社はストレス発散

山科けいすけ著『お仕事しなさい!!　C級さらりーまん講座番外編』（小学館）というギャグマンガがある。世のおやじサラリーマンたちに絶大な人気を誇っている。

登場人物は、A級でないのはもちろんのこと、B級にすら達していないC級サラリーマンたちである。まずは、さまざまなC級の人たちをご紹介しよう。

会社を辞めるといい出した若手社員。彼はその理由を聞かれてこう答える。

仕事内容が最初に考えていたもの

深い考えもなく
サラリーマンになって
このまま流されて生きて
いく事に疑問を持つよう
になったんです
もう一度
自分を見つめ直し
たい…自分さがしを
したいんです
自分さがし
……
はい

山科けいすけ『お仕事しなさい!!　C級さらりーまん講座番外編』小学館　第２集 p.120

と違いまして……あと…人間関係が…（番外編②より）

気が弱そうな若者はどこにでもいる。松平課長は怒鳴る。

「ばかものっ入社ひと月ちょっとで仕事の何がわかるっ」「それに悩みがあるなら、なぜ直属上司に相談せん！　キミの所の課長はそんなに信頼できない人なのかっ」（同上）

課長！　よいことというじゃないか、と思ったのもつかの間、実はその若手社員は去年の入社組であり、彼の直属上司は松平課長だったのだ……。あはは、この部下にしてこの上司ありである。

さらにこの松平課長、突然、自分探しのために会社を辞めたいといい出した若手社員にも、とんでもないことをいいはじめる。

無知、無教養、想像力貧困で感性は鈍い。嫉妬深くて度量が狭くて猜疑心が強い。なんの根拠もなく自分を過大評価して、わけのわからんプライドを持ち…そのくせテレビや雑誌に影響されやすく、借り物の言葉ばかり吐きちらす俗物。それから足が臭いし仏頂面がなんかムカつくし、笑うと気持ち悪い…いやあ探せばあるもんだなあ（同上）

たしかに、自分探し対策には、他人からどう見えているかを伝えるのが一番ですが……そんな客観的な真実を本人に直接伝えちゃっても……たしかに自分は見つかるだろうが……あははは。

変な社員は、新人くんや松平課長だけじゃない。ギャグマンガだから当然ではあるが、変人社長がぞろぞろ出てくる。鷹狩りに精を出す社長、社長の椅子に座っていないと部下と話せない社長、売り上げがちょっと伸びただけでも、走りながら泣いて喜ぶ社長などなど……すごい会社である。

会社とは、アホな上司に囲まれて、ストレスが溜まるところである。しかし、ここまで変だと、笑ってしまう。笑ってしまえば、ストレス発散なのである。

こんなものでしょ

われわれが多種多様なＣ級サラリーマンたちから学ぶことはない。仕事に活かせる教訓は、ほんの少しだってない。

しかし、教訓が必要ですか。

このマンガを読んで笑った後で、ふっと軽くなっている自分に気がつくじゃないか。ときには、仕事ってこんなものでしょ、と思うことがあって仕事生活は成り立っているのである。いつでもポジティブシンキングでは、息が詰まってしまう。ストレスはキツキツの職場に生まれる。だから、軽さと隙間を作り出す工夫が必要なのである。

たとえネガティブシンキングでも、笑えればいいじゃないか。そんな気分に気づかせてくれるC級サラリーマンたちに感謝、感謝である。

9 『フジ三太郎』に教わる前と後のバランス

朝の定番風景

日本の朝の風景といえば、洋食ならば目玉焼きとサラダ、和食ならば納豆に海苔というお決まりの朝食と、コーヒーを飲みながら見るテレビの天気予報であろうか。

そうそう、忘れてはいけないのが、新聞の斜め読みである。朝食で一読、さらに満員電車の中で小さくたたんだ新聞を再読するのが、サラリーマンの日課であった。新聞の情報がどれほど役立つのかはわからないが、最新ビジネス情報をおさえておくのは、サラリーマンの嗜《たしな》みであった。

「あった」と過去形で書いたのは、最近は新聞の影響力も低下していると思うからである。たしかにどこでも読めるという紙媒体の良さもあるのだが、インターネットを使えば無料で最新情報が手に入る時代、新聞はかつての役割を失いつつある。

あらためて考えてみると、新聞はかさばるし、それに書いてある内容も意外と難しいのである。人前では大声でいえないが、とくに国際欄や経済欄なんて、見出しだけを読んでわかった気になっているだけのような……。そもそも、最新ビジネス情報なんて自分の仕事には必要ないような……。

しかし、ビジネス情報以外にも新聞の役割はある。たとえば、新聞には四コマ漫画がある。新聞のマンガを読みながらクスリと笑う朝のひとときとは、サラリーマンにとってどんな時間であろうか。

最後尾のヒト

一九六五年から九一年まで『朝日新聞』の四コマ漫画といえば、サトウサンペイ著『フジ三太郎』（朝日新聞社）であった。高度経済成長のど真ん中から、石油ショックを経てバブル経済に至るまで『フジ三太郎』は、はじめは夕刊、後に朝刊において長期連載を続けてきた。

連載の間、日本経済は未曾有の発展を続けた。企業規模は大きくなり、技術は進歩し、仕事は国際化し、家庭は豊かになった。しかし、その発展の裏側には変化に対する疲労感もあったように思う。日本のサラリーマンは経済発展を謳歌しながらも、その一方で海外からは「働きバチ」と皮肉られ、そのマイホームは「ウサギ小屋」と哀れまれた。満員電車に揺られ、出世競争に煽《あお》られるサラリーマン人生も楽じゃなかったのである。発展とは、変化への対応を迫られる厳しい時代でもある。

発展の四半世紀、フジ三太郎は一貫してヒラ社員であり続けた。いい換えれば、変化と序列競争の世界で、たった一人変わらない存在であった。

たとえば、『フジ三太郎』を時代順に読んでみると、ワープロにはじまりコンピューターに至るまでの技術革新の流れが理解できる。もちろん三太郎は、この変化にもついていけない。

たとえば馬奈係長は、ワープロを叩く音だけで誰が作業をしているかがわかる。「カタタタタ…カタタタタ…」は若手女子社員のミエちゃんであり、「カタ、カタ、カタ」は万年課長であり、そして三太郎は「ペラ（解説書を開く音）、カタ…」であることを知るのである。

しかし、こんな三太郎がいるからこそ、われわれは笑いながら心の平安を得られたといえよう。社内競争にくたびれたとき、仕事変化について行けないとき、嫌な上司に怒られたとき、ふと後ろを振り向けば、最後尾にはお気楽な彼が、いつもいたのである。この永遠のヒラ社員は、多くのサラリーマンを後ろから励まし続けたのである。

89・5・19

サトウサンペイ『フジ三太郎』朝日新聞社 p.258

もちろん、励ますといっても、三太郎が何か役に立つことをしてくれるわけではない。ただ最後尾にいるだけなのだが……しかし私は、その最後尾のヒトに価値を見出したい。

前と後のバランス

ビジネスの世界では、新しいものが求められ、サラリーマン集団では人びとが細かく上下に序列化される。それが、厳しい現実であろう。

だが、〝新〟と〝上〟だけが尊ばれる世界は、なんと生きにくい、精神のバランスが崩れた世界ではないか。前も大切だけど、ときどき後を眺める余裕がほしいのである。

新聞という〝新〟中心の媒体で、遅れることの意味を小声で伝えるのが四コマ漫画である。そうであるならば、働くことの精神的疲労感が高まっている現在こそ、『フジ三太郎』やその後継者たちの四コマ漫画は読み継がれるべきなのである。

新聞が読まれなくなったとしても、私としてはそれでもよいのだが、四コマ漫画が読めなくなるのは、絶対に困るのである。

第5章　普通から学び、普通に働く

前章では、ダメ人物が主人公の仕事マンガを取り上げたのだが、べつにダメを強調したいわけではない。勝ち負けという軸にとらわれずに、キャリアを考えたかっただけである。「はじめに」で主張したように、自律を学ぶためには教わるという態度を捨てるべきである。だから、憧れを持たずに主人公を見たほうがよいのだが、エンターテイメントには起承転結が必要である。主人公が特別な人にならなければ、読者は満足しないのであろう。

ただし、ビジネス映画やビジネス小説に比べると、仕事マンガでは普通の人の普通の日常が描かれることが多い。これは、マンガという表現形式の結果というよりも、歴代のマンガ家たちが積み上げてきた蓄積なのである。マンガという表現を選んだ表現者たちの関心が日常に近いところにあったのだと思う。

日常と聞いて退屈と考えないでほしい。私が考える日常や普通とは、実はスリリングである。また日常を見つめることは、われわれが逃れられない人間の条件を浮き彫りにする。それは、人間関係であったり、肉体であったりする。仕事マンガの中には、この種のリアリティーを掘り下げたものが多い。この章で取り上げた『極道めし』や『自虐の詩』は極端な物語であるが、他の日常を描いた作品と同じテーマを持っている。これらの作品の中から日常を戦場のように歩く態度を見つけてほしい。

1 『自虐の詩』に教わる肉体労働の再発見

仕事よりも労働が大事！

いつの時代でも変わらないことだが、年配の人たちから見ると、若者たちは頼りなさげに見えるものである。今夜もまた、オヤジ色の濃い居酒屋では、近頃の若い奴は脳天気に自分の将来を何も考えていない、という台詞が語られていることであろう。

しかし、若者たちと話していて私が不安に思うのは、彼ら彼女らが考えないからではなく、その逆に考えすぎているからである。

たとえば、若者たちがよく使う言葉として、〝自分らしい仕事〟がある。仕事に個性や自己表現を求め、その意味を生真面目に問う姿勢がうかがえるが、そこには何かがボッコリ抜けている。

実体験を伴わないできわめて抽象的に仕事の意味を問うことはどれほどの価値があることであろうか。仕事に個性を求めつつ、その一方で苦痛としての労働を忌避するという単純な図式の上で悩んでいても袋小路に陥るだけだと思う。

だからこそ、私は、あえて仕事よりも労働が大事といいたいのである。

肉体労働の「肉体」

業田良家著『自虐の詩』（竹書房文庫）というマンガがある。日本マンガ史に燦然《さんぜん》と輝く名作といわれる『自虐の詩』の主人公は、幸薄き女性、森田幸江さんである。同居している元ヤクザの亭主（イサオさん）は、ちょっとしたことで怒ってちゃぶ台をひっくり返す乱暴者である。そのうえ、彼はまったく働かず、家事も何一つできない。生活費を稼ぎながら亭主の面倒をみ続ける幸江さんは、庶民的な定食屋で馬車馬のように働いている。

業田良家『自虐の詩』竹書房　竹書房文庫　上巻

読者としては同情せざるをえない状況なのだが、不思議なことに、そのダメ亭主を幸江さんはメチャクチャ愛しているのである。なにしろ過労で倒れた幸江さんが見舞いに来た亭主の面倒をみているのだから……。

思えば幸江さんの人生は汗と涙の道であった。物心がつく前に両親は離婚。彼女は母親の顔を覚える時間もなく、父ちゃんとの二人暮らし。さらに、この父ちゃんがまったくのダメ父ちゃんでして……人はいいのだが、借金まみれの生活を続けている。彼女は生活費を稼ぐために、小学校時代から新聞配達のバイトをしているが、そのバイト代を父ちゃんが……（涙）。

ただ、若者諸君は誤解しないでほしい。このマンガを取り上げたのは、生きるってたいへんだとか、まずは自立が大切だろと説教クサイことをいいたいからではない。私は、肉体労働＝苦痛という単純なものの見方を捨て去って、その肉体労働の意味を間接的に体験してほしいと思ったのである。

中学に入っても新聞配達の仕事を続ける幸江さん。最後の朝刊を出し終えたとき、思わず「なんて気持ちのいい朝なの、働くって素晴らしいわ」（下巻より）という気分があふれ出してくる。しかし、配達所に帰ると突然、追加の配達を任される。当然、先ほどの清々しい朝の気分は一変し、「働くのって、いやー」（同上）という気分になるのだ。

この肉体労働に付きまとう気分の変化を理解できない人とはお付き合いしたくないものである。肉体は私の心とつながっているという当たり前の実感を忘れたら、仕事も何も頭の中だけのものになってしまう。

労働を直視せずに、むやみに嫌がるのではなく、嫌な労働だからこそ直視するべきではないのだろうか。

意味の生まれ方

ところで、幸江さんの亭主のイサオさんは、ダメ亭主であるがゆえに、彼女の比較対象になっている。イサオさんの汗はサウナの汗、幸江さんの汗は労働の汗であるからこそ、幸江さんの労働の意味が際立つのである。

マンガのなかの幸江さんが、単なる悲惨な人生を送るだけであれば、このマンガは失敗作といえよう。しかし……違う。作品の後半まで読み続けるにしたがって、幸江さんはイサオさんよりもはるかに幸せであると、嘘偽りなく感じられる。彼女の幸福とは、肉体労働とつながった幸せの実感である。いや、幸せという言葉ではまだ足りないのかもしれない。作者である業田氏は最後の最後にこう語る。

　幸や不幸はもういい、どちらにも等しく価値がある。人生には明らかに意味がある（同上）

幸せではなくて、価値があるという結論にたどり着いたこの作品を読めば、われわれも労働の意味が生まれる不思議について考えることができるかもしれない。ぜひ、一読をおすすめしたい。

2　『極道めし』に発見する労働にとっての「めし」の重要性

食うために働く！　の復活

書店で何かよい本がないか、よい雑誌がないかと立ち読みをすることが多い。すると、働くことを考える本や雑誌が意外と多いことに気づく。そもそも、この本も働くことがテーマである。

そんな本を書いている私が、こんなことをいうのも変な話であるが、世の中この種の本や雑誌が多すぎると思う。

多いのは、それらを読みたい人がいるからである。読者は働くことに答え（意味）を求めているのであろう。いい換えると、自分にとっての仕事の意味を問わずにはいられないという焦りがあるのではないか。

そんなふうに毎日働く意味を考えるのは息苦しくないか……仕事の意味への過剰な問いが社会に充満している。なぜ、あなたは働くのですかという問いかけは、もちろんそれ自体に意味がある。しかし、その根本的な問いかけに真面目に答えることは難しい。

昔は、そんな問いかけは一笑に付されていた。働くことは自明のものとして存在していた。要するに、食うために働くのである。

そんなシンプルな答えは、現代において説得力を持てない。飽食の時代であればこそ、人は新たな意味を求めているのかもしれない。しかし私は、食うために働くという答えには、単なる実利を超えた深い意味があるとつねづね思っていた。だから、食うことと労働の幸福な関係性について考えてみたい。

うまいの不思議

土山しげる著・大西祥平協力『極道めし』（双葉社）というマンガがある。この究極のグルメマンガの舞台は、なんと刑務所である。

刑務所とグルメはつながらないが、このマンガの秀逸さはこの舞台設定にある。人生一癖も二癖もある極道たちが主人公であるが、切ったり張ったりのバトルは展開しない。

そう、彼らは腹を空かせた受刑囚なのである。唯一の楽しみは、正月のおせち料理であった。このおせち料理の一品を奪い合うバトルが、しゃば飯自慢バトルなのである。人生のなかでこれまで食ってきたものを仲間の受刑囚に自慢し、のどを鳴らせたら勝ちという異色の物語である。

面白そうでしょう。ここで、めし自慢バトルと聞いてフレンチ、高級中華、お寿司と思った人は、めしを、いや人生をわかっていない。うまいめしとはそんなもんじゃないのである。

たとえば、こんな話……フィリピンパブに入れ込んで横領でつかまった小津さんは真面目だった

とにかく
夢中になって
立ち喰いの
かきあげそばを
すすったんや！
ズゾゾゾーッ

土山しげる『極道めし』双葉社　ACTION COMICS　第1巻 p.124

サラリーマン時代を語る。営業マン時代、全国を飛び回りながら働いていた。日帰り出張で熊本、博多、広島と飛び歩いて、夜、帰りの新幹線に乗ったときには、クタクタであった。

そこでハタと気がついた。朝から缶コーヒー三本しか飲んでない事を！
（第1巻より）

一日の仕事の疲れを感じつつ、小津さんが思ったことは、立ち食いそばであった。立ち食いそばが頭から離れないのである。彼は次のように思う、そしてわれわれもその思いに引きつけられる。

きつねにしよか、月見にしよか、いややっぱりかきあげそばか、カレーセットも捨てがたいなァ、頭ン中はそのくり返しや…（同上）

東京に着き、東京駅の立ち食いそば屋が閉まっているので、山手線で立ち食いそば屋を探し、見つけた、かき揚げを頼む、七味をかけて、かき揚げを少し沈めて……あとは夢中でそばをすするだけである。ズゾゾッ。

たった一杯のかき揚げそばに、一日の仕事の面倒が救われることもある。いや、仕事が一杯のかけそばの味を極上の味覚に変えることもある。

本当にうまいめしは、これだ！

身体的感覚の結合

めしの話で熱くなってしまった…。

で、めしと労働は何が関係するのか。これを言葉で説明するのは難しい。生きるためにはエネルギーを補給するべきであり、補給するためには働く必要があるという考えは、生物学的には正しいが、食うために働くという意味とは異なる。私がいいたいのは、その微妙な違いである。

もちろん、食うことは味の追求でもない。ハードな仕事の後、夕飯の普通の味噌汁に幸福を感じてしまうのが、人間であるならば、食うために働くという言葉は、食うという味わいを高めるために労働があると考えてもよい。

身体において働く感覚と食う感覚はつながっている。この感覚の幸せな結合を経験できたならば、働く意味を頭だけで考える愚かさに気づくであろう。食うために働くという発想は、今こそ復活すべき思想なのである。

３　『しんきらり』に教わる家事という仕事

家事の仕事

この本では、マンガ作品を読みながら仕事について考えるヒントを探している。ところが、仕事学を考える際、ついつい忘れてしまう、もしくは〝意図的に〟見落とされているのが家事という仕事である。

もちろん、家事もまた仕事である。しかし、仕事といえば、お金をもらって働くことだと固定的に考える人は多い。いや、正確にいえば、ほとんどの男性サラリーマンはそう考えているのではないか。専業主婦を心の底から理解している男性サラリーマンは少ないのである。

家事について考えるために、われわれは仕事に対する見方を広げなければならない。給料がもらえるので、苦痛が伴う作業をしぶしぶ行なう。仕事をそのように考える人は多いのだが、それは仕事の一面でしかない。

苦痛＝仕事と考えれば、家事もまた苦痛かもしれないが、家事は給料をもらわないので、仕事ではないという論理が成り立ってしまう。

では、なぜ家事をするのか。

「そりゃ、子供のため、夫のためでしょ」と答えたい（思いたい）男性は多いのだろう。たしかに愛情表現＝家事という見方は間違いではないのだが、しかし私は、その言い方になにやら無神経な、無配慮な響きを感じる。

家事をめぐる気持ちの揺れに気づく感受性はあるのか。もし、ないのならば急いで学びましょう。

お金以外の報酬

やまだ紫著『しんきらり』（ちくま文庫）というマンガがある。主人公は、結婚一〇年目の専業主婦、山川ちはるさんである。彼女は二人の娘と夫の四人暮らしを続けてきた。

ごく普通の専業主婦の生活はマンガにならないと思うかもしれない。しかし、家庭とはそんな退屈な場所ではない。むしろスリリングな舞台なのである。

大げさに聞こえるかもしれないが、普通の、平和な、日常生活にも確実に亀裂が存在する。そして、その亀裂は小さいかもしれないが、深いのである。その小さな亀裂に、男はいつも気づかない。ちはるさんは次のようにいう。

女房は男の名詞処理機であろーか。「お茶」「灰皿」「爪切り」無精のコンピューターさえ「お茶をクダサイ」とインプットするのよ妻の仕事が当たり前になってしまうのは、なぜなのか。つまり、妻という仕事には報酬がないのである。ここで報酬をお金と考えてはいけない。ちはるさんはこうもいう。

育児には報酬がある。コドモがヨロコビ、ハハモアンシンという報酬。私はツマの報酬が欲しい

これらの台詞にドキリとした男性は多いのではないか。私もまたその一人であるが、この夫の無神経さは、単なる無神経ではないのである。妻に感謝をしなくちゃと、今反省してもおそらく治らない。実は、この問題はもっと根本的な原因を抱えているのである。

仕事を通して大人はつながる

かりに職場であれば、部下の仕事をねぎらい、その貢献に感謝することは職業人の常識であろう。男性も職場ではできるのだから、本当は家庭でもできるはずである。しかし、家庭だとそれができなくなってしまう男は多い。つまり、それは、できないのではなく、したくないのである。

男の無神経さは、妻の仕事を仕事だとは思いたくないという無意識の願望の現われである。妻のいらだちの原因はそこにある。家事＝愛情表現と考えたいのは、男がコドモであるから……いやコドモでいたいからなのかもしれない。

やまだ紫『しんきらり』筑摩書房
ちくま文庫

「いつでもコドモになり下がってしまえる男はいい。夢だロマンだ男だと言って許容されるのは男が強い場合だ」と、ちはるさんは思う。

女は、コドモになり下がれない。それゆえ妻は、家庭でたった一人の孤独な大人になってしまうのである。この孤独の苦痛に比べれば、家事の肉体的苦労なんてたいしたことではない。それなのに、男はそれを理解しないのである。

われわれ（男）は忘れちゃいけない。家庭であろうが、職場であろうが、大人は〝仕事〟を通してつながっているのである。そう考えると、家庭とは会社の疲れを癒してくれる場所ではなく、会社以上の労力で作り上げる職場だとわかる。

男性諸氏、ちはるさんの以下の台詞を心して聞くように！

結婚生活に過大な期待をもたず、ただ平和な日々がおくれたらとささやかな……夫婦が長く平和に―という望みは「ささやか」な望みなんかじゃなかった。こんなに激しい夢ってなかったんだ

4　『見晴らしヶ丘にて』に発見する非日常への目線

生活をなめるなかれ！

長時間労働が社会問題として取り上げられている昨今であるが、そもそも日本のサラリーマンは職場が好きという側面がある。

ここで注意してほしいのは、職場好きサラリーマンは必ずしも仕事好きではないということである。その意味では、ワーカホリック（仕事中毒）ではない。ただ単に職場にいることが好きなのである。職場に早めに来て雑談をしたり、最後まで居残って飲み会メンバーが揃うのを待っていたりする。職場が、家庭よりも地域よりも心地がよい居場所になっている。だから、職場以外に居場所を作る能力を身につけさせる必要がある。

職場好きサラリーマンには職場以外の生活にまったく実体がないともいえよう。彼らにとって最も恐ろしいことは、会社という居場所を失う定年後だと思うのだが、実際のところ、恐れずになめている。生活なんてものは妻に任せておけばよいという間違った認識を正すには、まず、日常生活が薄氷の上に立つことを心底から理解すべきであろう。

ひとつのショック療法として、〝薄氷の軋む音〟を聞く必要がある。

隠された会話

近藤ようこ著『見晴らしヶ丘にて』（青林工藝舎）というマンガがある。書名にもある見晴らしヶ丘とは、架空のニュータウンである。ニュータウンとは都市郊外に人工的に作られた住宅地であり、どこか箱庭的な感覚を感じる場所である。

このマンガは、一見すると生活感が薄いような土地を舞台にしながら、実はそのなかにある人間ドラマを描いている。日常のなかにある非日常を読み解くのが作者の独創的な視点である。

連作マンガなので、すべての話を取り上げることはできないが、この作品の中にある家庭風景は、職場好きサラリーマンからはなかなか見えない世界である。

たとえば、頑固で小言ばかりの夫（父親）を抱えた妻と娘の会話が描かれた第九話「ご相談」がある。この話には、「女が仕事に口をはさまんでよろしい！」と偉そうにいうくせに、家計簿は毎月チェックし、「いったい何年主婦をやっている！」と叱りつけ、そのくせ「家庭のことはおまえに任せてあるだろう！　自分で裁量しろ！」と責任を押しつける夫が登場する。こんな最低の夫であっても、意外と会社では良い上司といわれ、楽しく過ごしているのかもしれない。

もちろん、そんな夫を抱える妻は、夫が出張に行けば「あ〜〜っせいせいした!!」と声をあげるし、娘もまた「これでしばらくのびのびできるわね」と安心顔である。

娘は母親にこう問いかける。「おかあさんを見てると結婚なんかしたくなくなるわ。おかあさんの人生ってなんなの？」「わたしがお嫁にいったら！　この家であのおとうさんとふたりっきりよ！」そして、母はこう応えるのだ。「ほんとむしずが走るわ！」と……。

さて、こんな隠された日常会話も男性にとって十分怖いのであるが、このマンガの面白さは、リアルな日常ではなくリアルな非日常である。このお話は、母娘がある女性占い師に相談に行くところでさらに深まる。

わたしがお嫁に
いったら！
この家で
あのおとうさんと
ふたりっきり
よ！
……

近藤ようこ『見晴らしガ丘にて』青林工藝舎 p.166

占い師といってもかなり怪しい。単なる農家のおばさんであり、占いもまったく当たらないのだが、この占い師も酒癖の悪い暴力夫と離婚しており、母はこの占い師と大いに盛り上がるのである。

母が発見したことは、第一にグチをいい合うとすっきりすること、第二に離婚するにはお金を稼ぐ才覚が必要なこと（占い師さんのように）である。彼女が出した結論は、「それにまあ……離婚は退職金がでてからでも遅くはないし…」であった。

女性目線の日常と非日常

この話は大きな変化はなく、ただ相談するだけの作品である。しかし、このマンガには、非日常と日常のほんの少しの差がゆらゆらと描かれている。日常生活の恐ろしさと退屈さ、そして非日常の可笑《おか》しさを描ける作者の力量には舌を巻くしかない。

とくにこの非日常へ目線は、男性ではなく女性のものといえよう。日常自体を単調なものと考えてしまう貧困さは、男性に多い。これは、仕事との安易な比較から生み出されたのであろうか。もしくは、女、母、家庭をセットにして考え、本来は人工的である家庭を自然（あるがまま）として捉える幼さの結果であろうか。

居心地がよい職場に背を向けて、日常、いや非日常を女性の目線で見つめること！　この凝視は、今後、職場好きサラリーマンの避けることができない試練になると私は思う。

5　『さんさん録』に教わる定年後の生き方

おれも族の恐怖

二〇〇七年度、世間では、定年問題が話題になった。団塊の世代がいっせいに定年退職を迎え、長かった会社生活からようやく解放されはじめる年なのである。

家族のために一生懸命働いてきたのだから新しい自由な人生を謳歌《おうか》してほしいと思う。が、その一方で戦々恐々《せんせんきょうきょう》としている人たちもいる。彼らサラリーマンたちの妻である。

子育ても一段落し、趣味サークルやボランティア活動などの地域活動にも力が入る今日この頃、突然、朝から晩まで夫が家にいる。たしかに、この状況は恐怖であろう。

家事は何一つできない夫だからこそ、なんでもかんでも面倒をみなければならない。ムスッとして一日中家にいられても妻としては困るのである。もちろん、夫も家にいるだけじゃつまらないので、外に出かけようと思うが、残念ながら会社人間だった夫には、地域に自分の居場所がないのである。結果、〝おれも族〟になる。

おれも族とは、妻が外出すると、「おれも……」といいながらついて来ちゃう人たちである。主婦どうしの楽しいおしゃべりの集まりに、つまらなそうに参加している男たち……想像するだけでも迷

押して左に回すんですよ…
ひゃあ
ついたついた
ぼっ
こうの史代『さんさん録』双葉社　ACTION COMICS 第1巻 p.17

惑だろうなと思う。

「主婦仲間が気を遣って夫づれの私を誘わなくなっちゃうのよね。ほんと迷惑」という言葉に、今度は定年間際のおじさんが戦々恐々とする番である。

さてさて、男性諸氏はいかに定年後を過ごしますか？

定年後に専業主夫？

こうの史代著『さんさん録』（双葉社）というマンガがある。主人公の参平さんは、定年後三年目にして妻に先立たれ、息子夫婦と孫一人と一緒に暮らしている男である。定年後の生活も不安なのに、たった一人の頼みの綱である妻もいないとなると……男としてかなり不安な状況である。

とくに、すべての家事を妻任せにしてきた参平さんは、息子夫婦との同居生活にも居場所のなさを感じている。なにしろ彼は、台所に行ってもガスコンロの火の付け方を知らないのだ……かなりの重症である。

そんな右往左往の生活のなか、部屋を整理していて見つかったのが、妻の鶴子さんが残してくれた

『奥田家の記録』であった。生前、鶴子さんは、生活のこと細かなことをレシピとして書き残しておいてくれており、そこには炊事録、洗濯録、住居録など……生活の基本が書かれてあったのである。

参平さんは、いままで疎《おろそ》かにしていた家事全般に一から取り組みはじめる。働きに出はじめた嫁の礼花さんに代わって、なんと定年後に専業主夫になったのである。

その後も物語（日常生活）はたんたんと進む。たとえば、見栄を張ってお嫁さんに料理ができるといってしまう参平さん。『奥田家の記録』を読みながら、はじめて作った肉じゃがはとても美味しかった。けれど、完成までに五時間もかかってしまった……そのうえご飯も炊いていないけれど。

またある日、家族三人が風邪をひいてしまい、一人でみんなの面倒をみてあげる参平さん。『奥田家の記録』を単なるノウハウ本と思うなかれ、看病に関しては、「食事は本人の希望を一応ききますが、明らかに消化の悪そうなものはさりげなく無視します」（第1巻より）と書いてあるのです。

参平さんは、失敗を重ねながらも徐々に家事を学んでいく。それは、彼にとってこれまでの価値観を変えるような出来事でもあった。亡き妻、鶴子さんは、ノートを通じて参平さんに語りかけている。

わたしはあなたにこんなものしか残せないけれど、この世で私の愛したすべてが、どうかあなたに力を貸してくれますように（同上）

ゆっくり対話

亡き妻が愛したすべて。それは、何も起こらない、いや小さなすべてのことが起こる日常生活そのものであろう。日常生活が仕事だけなんて、空しいじゃありませんか。

参平さんは、少しずつだけど日常生活がとても大切なものだと気づきはじめる。彼は、ちょっと遅かったかもしれないと後悔しつつ、今日を一生懸命生きている。

今の日常生活を愛おしいと思う気持ちのなかに亡き妻との対話があり、現在をともに生きる人たちとの対話がある。ゆっくりとした対話、ゆっくり流れる時間……。

『さんさん録』は、定年前に失われていた何かを取り戻すひとつのきっかけを与えてくれるマンガなのである。

定年後の静かな日常生活に幸多かれ！

6 『すーちゃん』に教わるあたしの発見方法

個性と息苦しさ

世の中に幅広く使われている言葉だが、イマイチその意味がつかみづらい言葉に「個性」がある。現代においてこの言葉は特別な位置を占めている。が、実に怪しい存在でもある。

「個性的である」とは、ホメ言葉として一応通用している。しかし私は、個性という言葉のまわりに数々の疑問を感じてしまう。まず、個性的といわれている人がまったく個性的に見えない。個性的と呼ばれる人は、みんな同じような服を着て、同じようなことをいっている。

そもそも、個性が他人との違いであるならば、誰だって個性的である。そうであるならば、個性的であろうとする努力は必要ない。実際、一人ひとりがそのままで個性的だよ、というメッセージもある。世界でたったひとつの存在！　私は、そんなことを他人からいわれたくないが……。

仕事ができるとか、勉強ができるとか、スポーツができるとか、美人・美男であるとか、「優秀」という価値ならばわかる。それを目指して努力することも、早々とあきらめることもできる。しかし、個性的になるには何を目指せばよいのか、真剣に考えれば考えるほどわからなくなる。

ハッキリいっておこう。個性という価値観は、われわれの選択を息苦しくしている。

益田ミリ『すーちゃん』幻冬舎

変わるって、何?

益田ミリ著『すーちゃん』（幻冬舎）というマンガがある。主人公のすーちゃん（苗字は、森本さん）は三十路半ばの独身で現在彼氏もいない。彼女の職場は、カフェである。

すーちゃんには、特徴も特技もない。恵まれているともいえないが（彼女曰《いわ》く、ふぐも食べたことがない）、不幸というわけでもない。そんな彼女が日記を書きはじめた。すーちゃんの日々の生活と日記の中身を描いているのが、このマンガである。

すーちゃんには、「今のままの自分では嫌だけど、なりたい自分もわからない。あたしゃどうしたらいいわけ?」という悩みを抱えている。でも、その一方で、彼女は自分探しという言葉が大嫌いである。

このマンガの面白さは、自分探しの悩みを扱っていながら、主人公に悩むことを押し売りするような自意識過剰がないことである。つまり、悩むこと自体が個性であると迫ってくるような若さ=幼さがない。それゆえに、この種の悩みが読者の心にストンと落ちてくるのだ。

なりたい自分がわからないという悩みをすーちゃんはどのように扱っていくのか。たとえば、彼女にはこんな気づきが訪れる。

職場でバイトをしている若い人に、若いよね～といってあげるすーちゃん。本当にうらやましいからではない。「若さをうらやましがられるのは嬉しい」と思ったから、若者へサービスしたまでである。そんな先輩社員としての配慮をしながらも、すーちゃんは「あたしは、若いあたしに戻りたいとは思わない、今でいい」と思う。そして、ふっと気づくのである。

あたし、変わりたいんじゃなかったっけ？　変わりたいと思おうとしているだけなのかも、「今でいい」って言ってはいけない空気が世間には流れてるしさ～

そう、変わるって、いったい何なの？

あたしを発見する

変わろうとすることは、今の自分を否定しているだけであり、なりたい自分を探すことは逃げているだけかもしれない。すーちゃんの以下のセリフには、私も大賛成である。

自分探しってなんだよ。世界にたったひとりしかいない本物の自分を自分が探してどうすんの。
それじゃあ自分がかわいそうだよ

そんなことに気がついたすーちゃんが出した結論は、「『あたし』はいろいろいるんだ」という当たり前の事実である。

失恋して嫉妬をする「あたし」、店長に仕事を認められる「あたし」、友だちに恵まれている「あたし」、そしてなりたい自分を探していた「あたし」……新しいあたしを発見し、増やしていけばいいじゃないか。

もちろん、すーちゃんには、仕事の悩みも将来の不安もそのままである。だから、ここで発見する「あたし」はかっこ悪いものかもしれない。しかし、彼女は、「違う誰かのようになりたいと思わないのは、いい気分だ」、「なんてゆうか、少し楽だ」という結果にたどり着いた。

すーちゃんのこの肯定感は、単なる自慢じゃないし、自信とも少し違う。この文章を読んでくれる人たちに、この微妙なニュアンスの「前向きな肯定感」を伝えたいので、すーちゃんのセリフを最後にあげておく。よいセリフである。

あたしでいいってゆうか、あたしも悪くない感じ

7 『ＯＬはえらい』に教わる普通の魅力

個性を活かす？ 育てる？

面と向かっていうか、心の中で密かに思うかの違いはあろうが、仕事を選ぶ基準として個性を活かせるかどうかをあげる人は多い。またまた、個性の登場だ。

思わず私は、あなたがおっしゃる自分の個性って具体的には何なのでしょうかと突っ込みを入れたくなる。個性とは、家庭環境や教育環境、そして何よりも仕事経験によって育てられるものである。つまり、自分の個性に合う仕事を選ぶのではなく、個性が仕事経験を通して育つのである。

個性なんていう空っぽの存在を過剰に意識するのは、その他大勢とは違う自分だけの何かを確認したいからなのか。

しかし、他人との違いを確認することが自己目的化すると、頭の中で空回りが起こるだけである。

なぜ、みんなと同じでは満足できないのだろうか、普通だと仕事はつまらないのだろうか。私には、みんなが個性を求めながら無個性になっているように見えるのだが……。

ＯＬの仕事

益田ミリ著『ＯＬはえらい』（文春文庫）というマンガがある。『すーちゃん』と同じ作者の作品である。個性神話からの脱出と普通の再発見こそが益田作品のテーマだと思うから、続けてこの作者のマンガを取り上げたい。

作品の主人公は、中小企業の一般職であるロバ山ロバ子さん。どこにでもいる普通のＯＬである。仕事は事務中心。できる社員でもないが、できない社員でもない。恋人はいない。短大卒。家族と同居。ロバ子さんは、マンガの主人公にはなりにくい人である。

ロバ子さんの顔だけがロバなのは不思議な設定であるが、マンガの中ではよく馴染んでいる。サラブレットじゃない普通の女性という意味もあろう。

営業三課におけるロバ子さんの仕事は商品のチラシを管理することであり、他の男性正社員のように外回りもない。彼女はこうつぶやく。

6年も後輩の新田君は名刺を持っていて、そして私の知らないところへ出かけていく……

ロバ子さんは、職場の日常を斜め横から眺めている。社員旅行、忘年会、お昼休みの過ごし方に気を遣いつつ、会社の仕事人生を観察している。

この斜め横からという視点は面白い距離感である。たとえば、若い女性社員にもキッチリと定年の挨拶に来てくれた高木さんを見て、ロバ子さんは次のように思う。

　サラリーマンという職業を夢がないなんて言う人もいるけれど、そんなことを言う資格誰にもない。40年がんばるってスゴイことだと思う

でも一方で、彼女はこんなことを考えてみたりもする。

益田ミリ『OLはえらい』文藝春秋
文春文庫PLUS

　でもたぶん一年後は…かなりキョリ感のある人になっているはず。会社ってそんなもんかも…

この観察はスルドイ。さまざまな会社人生を一つ一つ観察しつつ、仕事の実感を発見していくロバ子さんの目、すなわち作者の着眼点がこのマンガが共感を集める理由であろう。

普通はえらい

ところで、ロバ子さんの仕事を外側からいくら眺めていても、誰も個性的とは思わないと思う。ハッキリいって憧れの仕事とはいえない。

しかし、ロバ子さんの毎日を内側から眺めれば、普通のなかにも大切な価値が隠れていることに気づく。

たとえば、課長から「この前の件どうなったんだっけ？」と聞かれるロバ子さんは、先方に確認の電話をして、念のためコピーをとっていた。外側から見れば、そんなことは当たり前と思うかもしれない。しかし、彼女にとっては違う意味を持っているのだ。

わたしにだけわかる仕事があるのは誇らしい……なんか必要とされているというか……

そんな仕事の感じ方を、仕事におけるロバ子さんの個性であるといえば、彼女は恥ずかしがるであろう。でも、普通の日常仕事のなかに、いつの間にか自分が現われている。仕事ってそんな側面があると思う。

たしかに何もない普通の毎日だけど……彼女は、ふと考える。

毎日毎日会社に行って、そして日は暮れる。人生って、そういう毎日の中で起こっていることのいわば蓄積。こんな、なんともなかった、わたしの一日もわたしの人生になるのね。

ほら、いつの間にか自分だけの仕事人生になっているじゃないか。普通を真面目に取り組めば、普通はえらくなるのである。

8 『トーキョー無職日記』に見つける〝現代の成長〟

不況とキャリアデザイン

二〇〇八年末から暗いニュースが続いている。この時点で、派遣労働者の失業が取り上げられていたが、景気はさらに悪くなり、失業は正社員にも波及する見込みである。

これからも続く不況は、われわれのなかにあった幸福な幻想を洗い流す。卒業後すぐに就職し、そのまま定年までというコースは、日本人と日本企業を支える雇用幻想であった。

幻想と書いたのは、終身雇用という慣行は昔も大企業に限られていたものだったからである。しかし、それでも強い説得力を持っていたのはたしかだ。終身雇用とは、ただ単に仕事を保証する制度ではない。終身雇用の本質は「成長イメージ」である。この会社に勤めながら成長したいという従業員の願望と、一人前に育てるから貢献してほしいという会社の願望によって終身雇用幻想は成立する。

しかし、これまでは、この幸福な幻想は両思いであったが、今は従業員の片思いになっている。終身雇用の崩壊とともにわれわれは成長を具体的にイメージできなくなった。

大学中退、無職という出発点

トリバタケハルノブ著『トーキョー無職日記』（飛鳥新社）という自伝的四コママンガがある。このマンガの主人公（つまり作者）は、大学を中退し、マンガ家を目指して上京するも無職生活（その後アルバイト）を続けている。

このマンガを読んでいない人は、その題名や宣伝帯に書かれてある自虐系という言葉から悲惨な仕事生活を想像するかもしれない。たしかにこのマンガでは、息苦しさが描かれ、自分に対する自虐的なツッコミ（ここが笑えるのだが）がある。ハルノブさんは、大学時代に引きこもりながら、こう思い詰めていた。

ていうかこの先おれの人生なんか面白いことあんのか？　このままじゃ卒業できないだろうし、中退したって働くとこなんて…はっ！　おれの人生の楽しい時間ってもう終ったんだ…

だから、マンガ家を目指すことは、ハルノブさんにとって最後に残った未来であったのだが、実際に上京したからといって、そのまま夢が叶うわけではない。そもそも彼は、マンガをまともに描いたことがないのである。このような中退で無職という出発点は、新卒一括採用＋終身雇用から最も遠いところにあるといえよう。

しかし、私の読了後の感想をいえば、意外や意外、すがすがしさを感じる青春マンガであった。さて、このすがすがしさの正体とは何なのか。

成長はどこにでもある

気が小さく、まわりに流されてしまうが、こだわりはある。自意識過剰でギクシャクしてしまう。そんなハルノブさんが変わるきっかけは、率直にいって個人の努力よりも他人からのお節介である。

イラストへの道を開いてくれたネット友だち（イタガキ君）や仕事先を紹介してくれた高校時代の友だち（イマッち）との小さなつながりが、ハルノブさんを徐々に外へと開いていく。

こう書くと、いい仲間がいて良かったねという話（オチ）に聞こえるかもしれないが……むしろ私が注目したいのは、仲間よりも職場である。

仕事にも慣れてしまい、当初持っていたイラストやマンガへの意欲をなくしていたハルノブさんに、先輩社員のキノモトさんは、イラストの持ち込み（売り込み）をすればという。

トリバタケハルノブ『トーキョー無職日記』
飛鳥新社 p.100

下手でハジかくのが恐いんだろうけどさー恥ずかしがってる間に歳とっちゃうよ

これは、厳しいけれど、愛がある忠告である。そして無理矢理、四コマ漫画の売り込みをさせるのである。

こう書くと、アルバイトに対してそんな言葉をかけてくれる社員なんていないと思うかもしれない。では、取引先の担当者（フルサワさん）はどうだ。フルサワさんは嫌みをいいながら四コマ漫画のだめ出しをする。ハルノブさんも「『描けるだけ』じゃあ、もう誰もホメてくれない…」としみじみとつぶやくしかない。でも、何度も書き直した作品は、ハルノブさんを一人の仕事人に育ててくれたのである。なぜなら、仕事の出来に満足できないという気持ちをはじめて彼に与えてくれたのだから。

結局、取引先もいい人ばかりじゃないかと思わないでほしい。

仲間→同僚→取引先という成長の流れは、見方を変えればいつだってそこにある。けっして器用とはいえない作者が伝えてくれるメッセージは、現代における具体的な成長イメージだと思う。

私も、蛇足ながら付け加えよう。終身雇用という安心、もしくは終身雇用崩壊という不安に惑わされることはない。仕事がある限り、成長はあるのだ。

第6章　社会の中のキャリアデザイン

この章では、キャリアデザインを取り巻く社会を真剣に考えてみた。この本のもとになる連載を続けていたとき、社会問題として格差が語られていた。格差、もしくは将来の格差に対する不安は、現在もわれわれを拘束し続けている。

実は、格差を考えることは難しい。格差の不安が個人の意識に与える影響は、勝ち組になりたい（負け組になりたくない）という単純なリアクションである。また、社会全体に求められるのは経済成長になる。この答えは単純でわかりやすいから、逆に「考えること」が難しくなってしまう。

この章では、あえて仕事マンガ以外のマンガも取り上げて丁寧に書いた。低所得→負け→不安→自己責任という思考の連鎖を排除しながら、不安と所得を分け、願望と所得を分けて考えた。

われわれは格差を過剰に恐れているが、その恐れの具体的な対象は曖昧である。所得が向上してもすべてが解決されないとわかっているのだが、みんなが格差を恐れている。成長しない社会へのいらだちとそれが生み出す社会への批判、個人の焦りとそれが生み出す共感なき自己責任論がある。それらが壊しているものは、将来社会に対する豊かなイメージではないか。たしかにイメージだけでは飯は食えない。しかし、どんなに迂遠な道であろうが、みんなで作り上げる社会イメージだけが「前進」なのだと思う。だからこそ、この本では、仕事マンガの中から社会イメージの種を見つけてみたい。

1 『ボーイズ・オン・ザ・ラン』に教わる挫折の活かし方

昔の大人、今の大人

昔の大人を思い出してゾッとすることがある。自分が子供だった頃、大人は大人だったと思う。大人が大人であるとは、まったく同義反復なのであるが、子供の私とは隔絶した存在であったという意味である。

振り返って、今、身近な大人を眺めてみよう。自分自身を眺めてみよう。大人のような、子供のような中途半端な存在が浮かび上がってくる。

昔と今は、何が違うか。

そりゃ、顔つきが違う。昔は二〇代にもなれば大人の顔になっていたが、二〇代後半になってもコドモ大人のままだ。子供が大人になるには、大げさにいえば通過儀礼が必要である。ただ年を重ねるだけでは、大人になれない。

大人になる通過儀礼とは、家を出ること、仕事を持つこと、結婚すること、子供を持つことなどがあげられるかもしれない。

しかし……私たちはそれらの経験から排除されている、もしくは経験しても大人にはなれないかもしれないのである。

ヘタレ男の暴走

花沢健吾著『ボーイズ・オン・ザ・ラン』（小学館）というマンガがある。主人公の田西敏行くんは、二七歳の独身サラリーマンである。中小の玩具メーカーに勤めている。この会社は一〇〇円を入れて玩具のカプセルが出てくるガチャガチャの中身を作っている。

ハッキリいって、この田西くんは仕事もできないし、女性にもてない。もてないというか女性と話すこと自体に慣れていない。完璧なヘタレ男である。同じ会社の同僚、植村ちはるちゃんに思いを寄せつつも、まったくぎこちない話し方しかできていない。

こんな人物が主人公になるのかと思うかもしれない。だが、おそらく二〇代後半から三〇代前半の男性には共感をもって読まれていると思う。

ここでいう共感とは、「同じ、同じ」と親近感を感じるだけではない。私とは違うけれど、共感してしまうという意味もある。題名にオンザランとあるように、この田西くんはヘタレ男ではあるが、二七歳になって、突然走り出した男なのである。ちはるちゃんに突然告白してふられたり、恋敵と決闘したり、会社を辞めて無職になったり、ボクシングをはじめたり……不器用な男である。

非道な恋敵とのケンカの直前、同僚男性の吉久さん（妻あり）は次のようにいう。

花沢健吾『ボーイズ・オン・ザ・ラン』小学館　ビッグコミックス　第6巻 p.23

俺だって、ケンカなんて未成年までだっつーの。会社入ってからはせいぜい酒場で小競り合いぐらいだっての。お前なぁ、5年も働いてここクビになったらどーすんの？（第3巻より）

二七歳にもなって、というなかれ。その暴れっぷり、無規則さ、無計画、猪突猛進ぶりは、そのヘタレぶりを増加させ、その滑稽さを倍加する。しかし、不思議と共感がわいてくる。本当の情けなさとかっこ悪さは、現実の厳しさをうまく回避している人間には得られない。ないからこそ、共感してしまうのか……。

挫折なしの挫折感だけの時代

要領がいい奴は、いつの間にか大人になっていく。大人の顔を演じていく。しかし、要領の悪い奴はいちいちつまずく。

いや、本当のところ、われわれはつまずくのを恐れて逃げているだけかもしれない。田西くんは、自分の人生を振り返り、次のようにつぶやく。

努力なんて、したことなかった。だから、挫折の苦しみも勝利の喜びも知らない…（第1巻より）

だから、「俺はいつになったら大人になるんだ…」（第3巻）と漠然と思うだけじゃなくて、暴走しなくちゃ。暴走するから挫折もはじまるのである。われわれは、挫折したこともないのに、挫折感だけを抱えているのではないか。

もちろん、このマンガにかっこいい結末も、ありきたりの勝利も、小さな達成もない。要領が悪い奴が努力して要領よくすることは、たぶん、無理。田西くんのような不器用な奴はそれを知っているから、次のように思っていたのだろう。

人生、全然都合よくないもん。だから一生懸命、逃げてきたんだ（第7巻より）

今の時代、大人になるって、たいへんなことだと思う。不器用な奴もそれなりに賢くなっているから、ぶつかり、つまずくことがないのである。

だからこそ、私は思う。不器用ならば、大不器用になってみろ、と。

大不器用になって、暴走し、つまずいた田西くんが手にしたもの、それは無職、失恋、敗北、無能である。しかし、「でも全部自分で選んだんだ」（第6巻より）という田西くんの顔を見て、ちょっとうらやましく感じるのは、私だけではないはずである。
かっこ悪いことはかっこいい大人にたしかにつながっているのである。

2 『俺はまだ本気出してないだけ』に教わる希望と挫折の二面性

希望過剰社会

若い人と出会い、将来のことを話す機会がときどきある。そんなとき、つくづく感じてしまうのが、希望や夢を語るのはしんどいだろうな、ということである。

もちろん、希望を語るのは若者の特権であろう。当たり前であるが、年をとれば未来が少なくなり、その代わりに過去が増えてくる。その過去には挫折や後悔も含まれるのだから、未来への希望を語り難くなるのは事実である。

しかし……今、若者たちがたくさんの未来を明るく語っているかというと、そうでもない。むしろ若者は、未来を語ることにくたびれており、年配者が過去の重さにとらわれているのとは逆に、真っ白な未来の重さにとらわれているのかもしれない。

私自身も反省しているのだが、どうも若者に会うと、未来を語らせようとする傾向がある。若者なのだから希望を持っているのが当たり前だという前提で話しかけてしまう。だが、未来を明るく語れるのは、よほどの実力者か、現実を直視できない自信家ではないか。

明るい希望があるべきだという前提からはじまる社会は息苦しい社会でもある。では、われわれは未来とどのように付き合えばいいのだろうか。

哀しさと可笑《おか》しさ

青野春秋著『俺はまだ本気出してないだけ』（小学館）という哀愁のコメディーマンガがある。主人公は、冴えないおっさん（大黒シズオさん）である。そして、このおっさんは、突然会社を辞めて自分探しをはじめるのである。彼は次のようにいう。

「何が不満か？」と聞かれても、答えに困る。…理屈じゃなかった。俺は今、自分を探していた（第1巻より）

この台詞も若者がいえば、それなりに形にもなろうが、この台詞の主は四〇歳のおっさんなのである。彼は、自分の父と娘との三人暮らしであり（妻は不明）、そもそも自分を探すといっても何もしないのである。彼はこうつぶやく。

ゲームしたり、近所をウロウロしたり、そんな事したいわけじゃない。最近じゃ不安でドキドキ

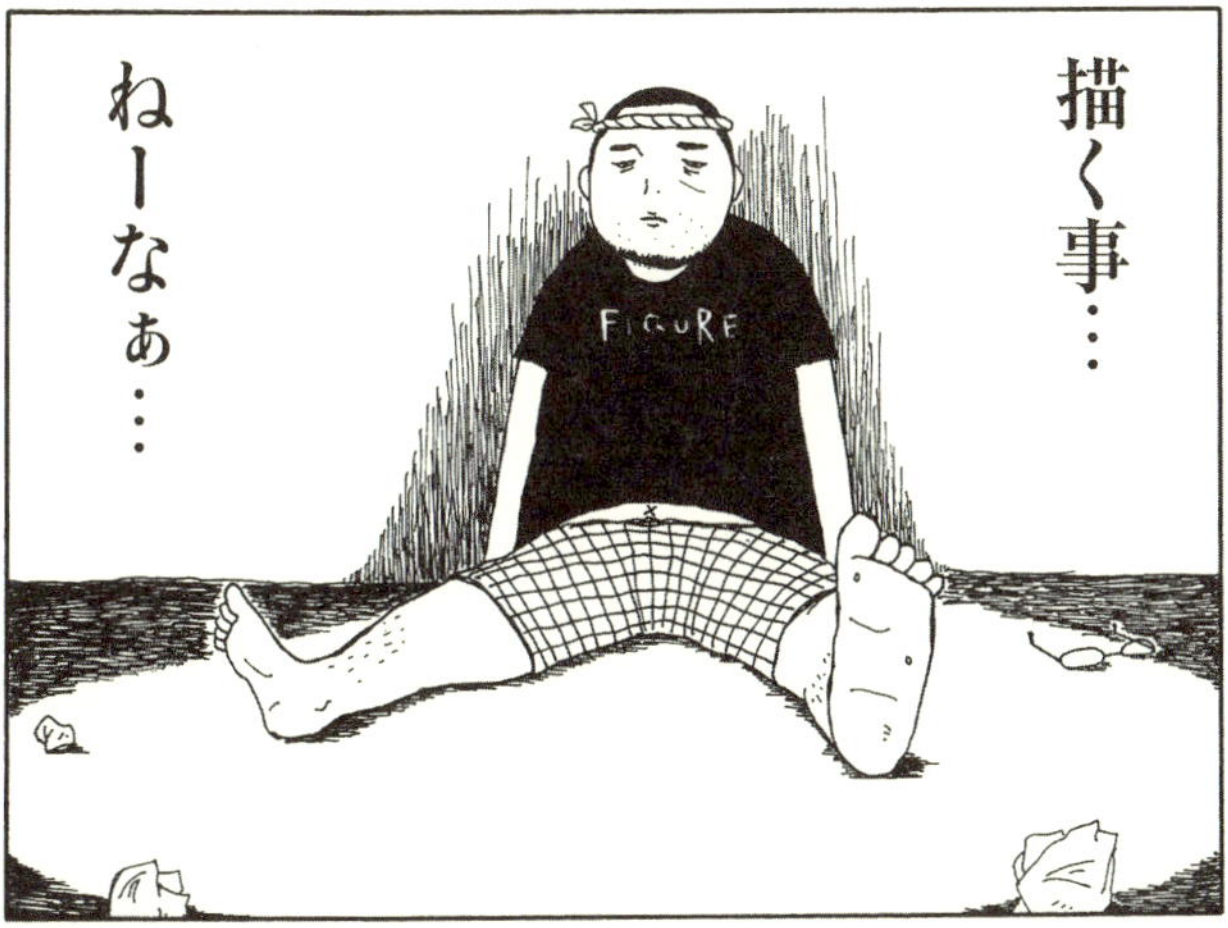

青野春秋『俺はまだ本気出してないだけ』小学館　IKKI COMIX
第1巻 p.12

したりする。しかし会社を辞めて一か月…思いっきり自分を見失っていた…（同上）

それで、どうなったのかというと、これまた突然、マンガ家を目指すと宣言するのである。「こう見えて意外と器用なんだよ、俺は」と不安げな娘に自慢するおっさんの顔は、哀しい。バイト先のファーストフード店で店長に怒られながらも同僚からは店長（あだな）と呼ばれている姿も、苦い。若者との飲み会で、二三歳の女の子に「ちゃんとがんばったほうがいいと思いますよ」と説教されちゃっている姿も、これまた辛い。だけどシズオさんには悪いが、滑稽なのである。

このマンガは、読みはじめるともう止まらない。可笑しさと哀しさと苦さが交ぜ合わさって不思議な味わいが生み出されている。

あきらめたもん勝ち？

もちろん、このシズオさんというおじさんから見習うべき部分はほとんどない。真似したらたいへんであり、絶対、キャリアモデルにはできない人物であろう。

だが、そんなことはどうでもよい。むしろ私は、このマンガが醸し出している空気を仕事に迷える多くの人に味わってほしいと思う。

希望を語ることは、明るく、前向きで、楽しいことではなく、辛く、哀しく、滑稽なことである。このマンガは、そんな隠された真実に気づかせてくる。

では、夢見ることや希望を語ることは忌むべき行為なのだろうか。現実を理解して早めにあきらめた者が勝ちなのだろうか。

そうではない、と思いたい。このマンガは、挫折の辛さだけでなく、大げさにいえば、人が希望を抱え込んでしまう業《ごう》が描かれている。

人間は、ただ生きるのでは満足できず、どうしても希望を抱えて生きるしかない存在である。その現実は希望の否定にはつながらない。むしろ、希望と挫折は不可分の関係にあり、希望だけを明るく語ることはできないし、挫折を遠ざければ、希望までも遠ざかるという二面性に気づくべきであろう。

先ほど私は、明るい希望があるべきだという前提からはじまる社会は息苦しいと書いた。明るい希望は暗く哀しい挫折とセットであると考えてみよう。その現実は辛くとも、不思議と人を元気にさせるのである。それこそが、このマンガの魅力であろう。おっさんの苦闘を見ながら、笑いながら、悲哀に共感しながら、最後の最後には元気にさせてもらっている。

内側からじんわり元気になりたい人におすすめしたいマンガである。

3 『三丁目の夕日』に見つけるキャリア教育

昭和の新しさ

平成の世の中、今「昭和」が新しいらしい。新しいとはおかしないい方ではあるが、今やいたるところで昭和レトロが大ブームである。昭和三〇年代をイメージしたテーマパークが作られ、昭和の古い街並みが注目され、懐かしい商品が復活している。

昭和レトロブームの震源地は昭和三〇年代である。高度成長前の世界と高度成長後の世界のちょうど中間に昭和三〇年代は存在する。貧しかったけれど、なぜか未来は明るかった時代である。それは、今の日本社会とはまったく反対の世界であろう。今は豊かだけれど、未来は……。

むろん、ただ単に懐かしいだけならば、昭和レトロブームは一過性のものである。しかし、この懐かしさは今の社会、未来の社会を考える意味でも新しい。つまり、懐かしさのなかに未来も探すことができるのだから、このブームは意外と根が深いのである。

忘れられた幸せ

雑誌『ビッグコミックオリジナル』で長期連載を続けるマンガに、西岸良平著『三丁目の夕日』（小学館文庫）がある。映画化もされたので、ご存知の方も多いと思う。昭和三〇年代のある街を舞台にした懐かし系マンガである。私も大ファンのこのマンガは、昭和三〇年代の細かいディテールがうれしい。昭和三〇年代を知らない若い世代にも、時代の空気感が伝わってくるのである。

たしかに昭和三〇年代は、多くの家が貧乏であった。たとえば、幼い頃にお母さんを亡くし、建具屋のお父さんと二人暮らしをしているミッちゃんがいる。お手伝いはもとより、夕食だって小学生のミッちゃんが作らないといけないのである。

憧れのきれいな赤い洋服はあるけれど、その頃の子供は、ツギだらけの洋服を一週間は着続けていた。ツギといっても今の若者たちは知らないかもしれない。

そんな貧しさを腹の底から理解することは難しいだろうな……それはそれで幸せなのかもしれないが、でもそのかわり、ミッちゃんが自分で作った万華鏡の綺麗な色も心の底からわからないのである。

ほかにも、酔っぱらったお父さんのおみやげ、はじめて食べたシュークリームの味、ワクワクしながら家族で楽しめたテレビの興奮などなど、昭和には小さな楽しみがいろいろあった。この幸せを、なぜわれわれは忘れてしまうのだろうか。

隠れたキャリア教育の意味

ついつい懐かしさに浸ってしまって、キャリアデザインについてまったく語っていなかった。だが、

西岸良平『三丁目の夕日』小学館　小学館文庫　【夕日小学校編❶】一学期

昭和レトロブームはキャリアデザインと深く関係するのである。豊かになることで忘れられた小さな幸せの実感は、われわれが普通の仕事観を取り戻すためにも必要なものだと私は思っている。

　ところで、若年者のキャリア教育というと職場体験の重要性が指摘される現在であるが、お決まりの仕事経験をいくら積んでも役に立たないと言えよう。なぜなら、それは押し着せられたキャリア教育であり、無理して仕事観を考えているからである。

　思い起こせば、われわれのまわりには仕事経験があふれていた。たとえば、ミッちゃんのお父さんは建具屋さんだから居間の隣で仕事をしている。それからお使いに行けば、お肉屋さんとのおしゃべりもある。つまり、職住が密接した世界では、仕事に触れる機会は自然と増えるのである。生活のなかに混じった仕事の世界、そしてその世界にある数々の実感。それらのうえにわれわれの仕事観が形成される。

　もちろんミッちゃんは、意図的に仕事経験を学ぼうとしているわけではない。あくまでもいつの間にか自然に、隠れたキャリア教育を受けているのである。

振り返って今の社会を考えると、職の世界は子供たちのまわりから消えてしまっている。テレビや雑誌の世界だけにある仕事を眺めている。そんな子供時代を過ごした若者たちに対して、あるときいきなり将来の目標となる仕事を考えろというのである。そんな決断を迫られても、戸惑うか憧れの世界を語るだけであろう。

日々の仕事に伴う辛さ、でもふと感じるちょっとした幸せ。それら実感の数々を学ぶのではなく感じることが本当の仕事の学びなのではないか。そんな過去はたしかに存在した。

では、われわれはどうすればその学びを取り戻せるのだろうか。たしかに、それは難問ではあるが、昭和レトロブームの先にわれわれが発見すべきことなのであろう。

皆さん、昔を思い出しながら今を考えてみませんか？

4　『団地ともお』に教わる仕事に対する子供の感性

仕事から最も遠い存在

意外な立場から仕事について考えてみたい。意外な立場とは、子供の立場である。

当然、働いたことがない子供の視点から仕事について考えることは可能なのかという疑問もあろう。しかし私は、子供は子供なりのやり方で仕事について考えていると思っている。正確にいえば、子供は仕事を考えているのではなく、仕事を感じているのだが。

子供時代にたっぷりと仕事（仕事をする人）を感じていなければ、その後大人になってから仕事について考えてもふわふわと浮わついた結果になるような気がしてならない。

職業選択の際に慌てて仕事について考える人は多いが、むしろ大事なのは、仕事を考える基盤、つまり子供時代に培われた仕事に対する無意識の認識ではないのか。

もちろん、子供の心の世界で仕事がどのように見えているのかについて、大人のわれわれが知ることは難しいのだが、だからこそ子供が感じていることを感じてみたいと思う。

子供の眼で仕事を見る

小田扉著『団地ともお』（小学館）というマンガがある。主人公は団地に住む小学校四年生、木下ともおくんである。とある団地の29号棟32号室にお母さんと中学二年生のお姉ちゃんと一緒に暮らしている。お父さんは単身赴任中なので、ときどきしか会えない。

ともおくんは、勉強はできないけれど元気な男の子である。クラスには一人二人必ずいたおバカな子、でも、男子には人気があるタイプである。このマンガを読むと、この年頃の男の子はどうしてこんな馬鹿なことをするのだろうかと呆れつつ、同時に笑えるのである。

小田扉『団地ともお』小学館　ビッグコミックス　第2巻 p.166

そんな遊んでばかりの団地育ちの男の子から何を教わるのかと思われるかもしれないが、まずはこのマンガのこんなエピソードを味わってほしい。

ともおくんは同じ団地育ちで親友の吉本くんと一緒に、友だちの野口くんの家に遊びに行く。野口くんの家は酒屋さんである。お店で販売しているアイスをご馳走になりながらともおくんはこういう。

うらやましいな…アイスとかお菓子食い放題だもんな。オレも店の子供に生まれたかったなー（第2巻より）

本当にそう思えるのだろうか。

家に帰ると、お母さんから商店街の佐藤ベーカリーでパンを買って来るというお使いを頼まれた。ところが、佐藤ベーカリーは佐藤ふとん屋になっていた。オープン記念でパンを配っていたが……その後、佐藤ふとんは、パンを配るうどん屋になるのだが……。

ともおくんのまわりのお店は静かに変わっていく。いつの間にかBARBER切山はBAR切山に、寿司屋はピザ屋に、そして八百屋さんはクレープ屋さんになっている。大根クレープやセロリクレープは売れそうにないが……。

数ヶ月後、酒屋さんの子、野口くんはともおくんに次のように語る。

うちのおやじもこの店やる前は杜氏だったんだぜ。店を始めてからも商売より酒への情熱が先行してさ。こんな町の小さな店じゃ売れないような無名の酒とか、好みでどんどん仕入れてさ、今月なんか大赤字でおふくろカンカンさ（同上）

だから、今日のおやつにアイスはなしというわけである。ともおくんは、「自営業もラクじゃないぜ」という野口くんの言葉から何かを感じていると思う。もちろん、彼はこの気持ちを言葉にまとめることはできないのではあるが。

仕事観より仕事感

子供は仕事を考えていないという思い込みは間違っている。子供時代に大人の仕事世界を感じた経験は、きっとその後の何かにつながっていると思う。たとえ本人が忘れてしまっても心の奥底に残っている何か……。それは、仕事〝観〟というより仕事〝感〟と呼ぶほうが正確なのであろう。

また、団地と聞くと、人間関係の希薄な場所を思い浮かべるかもしれないが、それは一面的な大人の見方である。たしかに団地の子供は、サラリーマンのお父さんと触れ合う機会は少ない。このマンガのなかでも、ともおくんのお父さんの顔があえて描かれないこともその距離感を表わしている。しかし子供たちは、仕事世界に対して大人よりも敏感なのである。ここでいう仕事感とは、答えとして語れるもの、教えられるものではなく、徐々に培うものである。

いや、むしろわれわれ大人こそ、失ってしまった子供の感性を取り戻すべきであろう。大人の皆さん、今からでも遅くないですぞ。仕事を考えるのではなく、子供の眼で感じてみませんか？

5 『のたり松太郎』に発見する風景の隠れた力

主人公以外の世界

マンガを読むことが仕事になっている私は、幸か不幸か普通のマンガ好きとはちょっと違ったマンガの読み方をしていると思う。

「マンガを読むことが仕事なんて、趣味が仕事みたいでうらやましい」といわれることも多いが、いい換えると、マンガを作品として純粋に楽しむことができないのである。仕事（この原稿を書くこともそうであるが）としてマンガを読んでしまう。正直、何か大切な楽しみが失われたような気分である。

しかし、そんなちょっと変わったマンガ好きだからこそ気づけることもある。私の場合、マンガを読んで主人公の物語に引き込まれるだけでなく、それ以外の部分にもこだわりを持っている。ここでは、そのこだわりのひとつを紹介しよう。マンガ作品には、たくさんの魅力が隠されているのである。

風景という隠された脇役

ちばてつや氏は、いわずと知れた戦後マンガ界の巨匠である。『ハリスの旋風』『あしたのジョー』『おれは鉄兵』『あした天気になあれ』などなど、戦後マンガ史に燦然《さんぜん》と輝く作品群を生み出している。ちば作品の多くには、元気で朗らかで、ちょっと乱暴者だけどみんなの人気者という主人公たちが登場する。もちろん私は、子供の頃からちば作品の大ファンであり、主人公たちの魅力に惹かれ続けてきた。

ところで、ちば作品の素晴らしさは主人公の魅力だけではない。もう一つの魅力は、ちば作品に描かれている風景である。風景と聞いて、登場人物たちの周りに描かれた背景ではないかと思わないでほしい。ちば作品で描かれる風景には、他のマンガ家には描けない魅力が隠されているのである。

昭和一四年生まれのちば氏が描く風景は、どこか懐かしく、貧しく、汗の臭いが漂う世界である。そして、描き込まれた風景は不思議な現実感を漂わせている。

未読の読者のために、私が大好きな『のたり松太郎』（小学館文庫）というちば作品を、そこに描かれた風景と一緒に紹介しよう。

このマンガは、町一番の乱暴者の松太郎がお相撲さんとケンカしたのがきっかけで、その人並み外れた怪力が角界で知られることとなり、力士を目指して修業することになるという物語である。もちろん、彼の粗暴ぶりは相撲部屋に入門しても変わらないのだが。

このマンガの魅力は松太郎が引き起こす騒動であるが、私がこのマンガを何度も読み返す理由はそれだけではない。実は、このマンガに描かれた風景を味わいたいからである。

ちばてつや『のたり松太郎』小学館　小学館文庫　第1巻 p.84

まず、松太郎が生まれ育った九州の廃坑の町を眺めてほしい。女たちが働く、小さな井戸を囲む共同洗濯場、松太郎の住む小さなボロ長屋、就職活動のために先生とまわった煙突だらけの町工場の世界がある。

それから、東京にやってきた松太郎を迎える街の雑踏、大食の松太郎たちが通う安い大衆食堂、仕事帰りのサラリーマンが集まる飲み屋街を見てほしい。

ちば作品を読むと、われわれは臭いや音や空気を紙面上に感じ、風景が物語の隠された脇役であることを発見する。

失われた風景の力

誤解しないでほしい。私は、単なる懐古趣味としてちば作品における風景の魅力を伝えたいのではない。

大げさないい方かもしれないが、われわれがマンガの風景に臭いを感じたいのは、現実世界でその臭いを感じられないからなのである。そのことに気づいてほしい。

経済発展という豊かさによってわれわれの身のまわりから失われたものは、仕事と生活の臭いである。今われわれは、無臭で無菌のきれいなだけの世界に生きている。

職住一体の貧しい世界に生きていた日本人は、きれいな職場ときれいな住居空間を作り上げた。職住分離である。それはとても幸せなことだったのかもしれないが、その一方で無臭の住居空間に仕事と生活の実感を見つけることは難しくなったともいえる。

風景は不思議な力を持っていて、人の感じ方に深い影響を与えている。ここでいう風景とは、自然そのものではなく人間の生活感が染みついたものである。

生活や仕事について考える際も、われわれが「言葉」で表現できる領域は思いのほか少ない。むしろ風景から感じることのほうが多いのである。ちば作品の魅力的な物語がその魅力的な風景の上に成り立つとするならば、私たち自身の生活も仕事もそんな風景のなかに位置づけられればと思う。

でも、われわれはすでにそれを失っているのだろうか、今、まだ発見できるのだろうか……仕事学も風景から眺める（考える）必要がある。

6 『上京アフロ田中』に発見する現代の欲望と日常

憧れとしての東京

格差という言葉が人びとの注目を集め、ときには激しい批判の対象となっている。ところが、格差は不安を喚起させるのだが、その実体はなんだか曖昧である。格差を所得（数字）の格差とだけ狭くとらえている限りは、この曖昧さを理解することはできない。そもそも、いつの時代でも格差は存在したのだから、今、格差に注目が集まるのは、格差の意味が変化したと考えるべきである。

高度成長期やバブル期、格差はつねに人びとの上昇志向を生み出してきた。所得格差とはライフスタイルの格差であり、人びとはお金持ちの生活に憧れていた。

たとえば、東京――。

この都市は、単に人が集まる場所ではなかった。ここで生み出された商品の群れは憧れという衣装をまとって地方に波及していたのである。つまり、東京は欲望を生み出す装置であった。

しかし現在、東京はそのような欲望装置としての機能を低下させている。格差はある、金持ちは東京にたくさんいる、しかしそれは憧れではない。では、何が将来の目標になるのか……金ではない何かなのか。

お金に対する不安はあるのだろうが、その一方で自分の中の欲望を高めることができない。そんな世の中をわれわれは漂っているのである。

現代の上京物語

のりつけ雅春著『上京アフロ田中』（小学館）というマンガがある。天然のアフロヘアがいかしている主人公、田中広くんは、埼玉出身の二〇歳である。

埼玉の郊外（けっこう田舎）に住んでいた田中くんは、高校を中退後、地元の運送屋で働きながら、高校時代の悪友たちとダラダラ生活を過ごしていた（『高校アフロ田中』『中退アフロ田中』参照）。しかし、ひょんなことから東京で働くことになり、東京で地下トンネル工事の仕事をはじめる。

このマンガは、田中くんとその友人たちのお馬鹿な日常を描いているのだが、まず、私が興味を持ったのは、東京と地元の微妙な距離感である。

たとえば、東京の話を自慢しようと、三ヶ月ぶりに地元に帰った田中くんが、地元の居酒屋で微妙に仲間にとけ込めなくなっている自分を発見するシーンは、なんだが哀しいけど笑える。いつの間にか、自分の知らない仲間が増えていたことに対して、軽い嫉妬心を覚えたり、仲間の笑い話についていけなくなって戸惑ったりするのである。

一方、地元の悪友たちは、クリスマスに田中くんのアパート（月四万五〇〇〇円）にやってきた後、

のりつけ雅春『上京アフロ田中』小学館　ビッグコミックス　第2巻 p.167

東京見物をするのだが……。

東京タワーを見れば、「東京タワー高っ!!　………これかー!!　東京タワーって……生で初めて見たなあ…」（第2巻より）と驚くが、ただそれだけである。青山や六本木ヒルズも、「生で初めて見た」というだけである。テレビで見たものを確認しただけである。

結局、彼らは、牛丼屋で食事をして、近くの銭湯に行くことになる。そして、風呂に浸かりながらつぶやく。

「しかし、東京っつっても……なんだろーなあ…特別、何か面白いって訳でもなく…特に何かすごいって事も…なかったな～」「東京っていっても、言ってみりゃあ…そこらより人の多い、ただの街だからなあ」（同上）

東京が普通の都市になったのか、それとも地方都市が東京化したのだろうか。格差はたしかにあるが、それは主観的には大きな格差ではないのである。

日常との闘い

都心からわずか一時間強の地方都市に住み、地元の仲間とつるんでいれば、それはそれでなじんでしまう世界がある。欲望が喚起されない日常が延々と続くわけである。

でも……地元の酒屋でバイトしている仲間の一人はいう。

あの町から出ずにてきとーに年をとり…あの町でてきとーに結婚して…てきとーに子供作って…なんやかんやありつつ育てて…そして当たり前のよーに死んで行くんだ、きっと…〔中略〕いいんだけどさ、ふつーの人生！　ありがたいよ、ふつーの人生！　でもさあ！　それでいいのかな！　何かあるんじゃないのかなあ！（同上）

この得体の知れない心の叫びは、欲望の対象がない分だけ深刻である。欲望がないから挫折もない。けっこう豊かだけれど不充足で、平和だけれど退屈な日常……。

このマンガを読めば、日常に笑わせてもらいながら、その日常の裂け目を垣間見させてもらえるのである。

7　『るきさん』に教わるシンプルライフの設計法

セレブは憧れですか？

今、セレブというおかしな和製英語が流行っている。そのような言葉が流行る理由として、セレブに憧れる人びとが増加したからと考えることができる。しかし、現実は少し違うと思う。むしろ、われわれは何が贅沢なのかについてわからなくなったのである。

もちろん、お金はあればあるだけうれしいものだろうし、欲しいものだっていくらだってある。しかし、そうだからといって、自らがセレブになりたいと思う人は少ないのではないか。セレブなんて、テレビのなかで鑑賞すればいいだけ、と本音では思っているのではないか。

でも同時に、セレブという言葉が気になっているのは事実である。気になるのは、われわれが自分だけの贅沢の基準を身につけていないからである。つまり、他人の贅沢は気になるのだが、自分が何をしたいのかはわからないという状況である。

べつに私は、この紙面を借りて反セレブ宣言を行ない、日本人に質素倹約をすすめようとしているわけではない。ただ、セレブなんて言葉に踊らされる前に、自分にとってのマイペースな暮らし方を見つけるべきだと心底思っている。そのためにも、少々変わっているが、私が考える理想の人物をご紹介しよう。

シンプル＝贅沢

高野文子著『るきさん』（ちくま文庫）というマンガがある。主人公のるきさんは、東京在住の独身女性（推定年齢三〇前後）である。彼女の仕事は医療保険の計算という自宅でもできる仕事である。計算が速いるきさんは、普通の人の一ヶ月のノルマを一週間で終わらせてしまう。それならば、彼女は一ヶ月に人の四倍を働くかというと、そうではなくて、あとの三週間は働かないのである。少ないお給料ではあるが、たくさんの時間を持っているのが、るきさんという人なのである。

それで、彼女が仕事以外に何をしているかというと、お昼寝、図書館児童書のコーナーでの読書、近所のサイクリング、趣味の切手集め、たまにはバーゲンでお買い物……どれもたいしてお金がかからない、でも時間がたっぷり必要な〝贅沢なこと〟ばかりである。

高野文子『るきさん』筑摩書房　ちくま文庫 p.116

このマンガ作品を読んでいない人に、るきさんの生活の贅沢や彼女の魅力を文章だけで伝えるのは本当に難しいのであるが、ぜひ、微妙なニュアンスの違いを伝えたい。

たとえば、るきさんは、お金がかからない生活をしているからって、ケチケチと倹約しながら生活しているわけではない。また、これぞ清貧という倫理的な生活をしているわけでもない。彼女は、健康に悪そうなやきそばパン、ハムカツ、紅ショウガも大好物なのである。

また、るきさんは、古道具屋さんで火鉢を買い、焼き鳥を焼いて、友だち二人で食べる。このようなるきさんの火鉢生活には、変なユーモアが感じられる。アンティークとして火鉢を購入するのではなく、あくまでも実用品として火鉢を使うのが、るきさんらしいのである。おそらく急に火鉢を使いたくなっちゃったのであろう。そのなんとなくの気分を毎日の生活のなかに繰り込めるのが、るきさん流の自由なのである。

実用と顕示の対比

るきさんの日常がたんたんと流れつつ、そこに独特のユーモアが感じられる理由は何であろうか。それは、火鉢で焼き鳥が食べたいという消費欲がまったく他人を意識しないで自分本位に実行に移されるからではないか。

普通、消費にはどこか他人の視線を意識した顕示的なところがあるものだが、るきさんはその正反対なのである。作品に登場する唯一の女友だち、えっちゃんは次のようにいう。

火鉢とはまた、ずいぶんしぶいわねえ

なんでしぶいのか。るきさんにはその理由がわからない。逆に、えっちゃんは流行を意識しすぎるところがある。たとえば、彼女は最新ブランド品に詳しく、買ったばかりのブランド品のカーディガンをるきさんに見せびらかしに来るのであるが、るきさんの反応はこんな感じだ。

うーんステキーピンクだー

えっちゃん、るきさんという名コンビのユーモアとは、こんなズレから生まれてくるのである。えっちゃんは、われわれと同類である。だから、スイスイと生活するるきさんを見れば、得をするのだ。われわれの生活が、思いのほかゴテゴテと複雑であることに気づかされるからである。

シンプルになるって気持ちいい。あえて大げさにいってみよう。シンプルは、われわれの新しい生活思想なのである。

8 『へうげもの』に教わる一点豪華主義の思想

あの光はどこへ行ったの？

昨今、想像の範囲を超える企業事件が頻発している。数年前まで優れた経営者として脚光を浴びていた人物が、今は非難の的である。ＩＴ界の風雲児であった人も、金融界に風穴を開けた人も、みんなお金を稼ぎ、メディアの光を浴び、そして消えていった……。

あの光はどこに行ったのか。われわれは、その価値の転倒に驚くばかりである。

むろん、成功するのも崩壊するのも、ご本人の勝手なのだが、企業家として世に顔を売っている人物なのだから、多くの人たちにとって働き方と生き方の目標であってほしいと思う。これは、私の勝手な言い分なのであろうか。

欲と美意識

山田芳裕氏の怪作マンガに『へうげもの』（講談社）がある。主人公の古田左介（のちの古田織部！）は、戦国時代、織田信長に仕えていた武人（もののふ）である。

古田氏は、大名を目指して戦争に明け暮れているのであるが、その一方で茶の湯と物欲に心を奪われている。戦国時代とは、茶道の勃興期なのだから、武人の時代であると同時に、芸術家（数寄者）の時代でもあった。すなわち、武人の数寄者とは、高い精神性と同時に出世と物欲にまみれた存在なのである。

このマンガの魅力は、フィクションを交じえながら、強烈なリアリティを感じさせる歴史上の人物たちである。古田氏は、主君の信長と茶の師匠である利休という両怪人の間で揺れ動く。

誤解がないように付け加えれば、迷いとは人間関係上の問題ではない。大げさにいえば、それは価値観の対立なのである。

天才信長は、日本を世界のなかに位置づけ、古いものを一掃し、華で世の中を埋め尽くそうとする。華と金とグローバル化が、新しい世の秩序を作るのだという主張である。いうなれば、信長とはバブル経済の申し子である。

一方、もう一人の怪人利休は、わびを理想とする。彼が作った小さな茶室、待庵とは、いっさいの無駄を省き、そのものの良さを味わう美意識の結晶であった。利休はこのように宣言する。

　私はこの国の在《あ》り方をすべて待庵に込めたのです。あらゆる民の指標になるようにと（第4巻より）

古田氏は、利休のわびの美に惹かれつつも次のように反論する。

山田芳裕『へうげもの』講談社　モーニングKC　第4巻

果たして下々《しもじも》の者にまで伝わるかどうか……遠く南蛮に至るまで……小さくて良いなどとは聞いたこともござりませぬゆえ……（同上）

華のスタイルか、それとも無駄を省いて質素のスタイルかという問いには、思わず私もドキリとした。それは、まるで今の世の働き方・生き方に突きつけられた問いではないか。

一点豪華主義の国

信長の死後、彼の後を継いだ秀吉は、信長の滑稽な模倣者であり、華の政治経済を推し進める。その華の象徴が、日本最大の大坂城である。古田氏はこうつぶやく。

この世で最大の大坂城と最小の待庵が最良として在《あ》る今の世……なんと……なんと凄《すさ》まじき世に

　俺は生きておるのだ……!!（同上）

いうなれば、キャリアアップとスローライフが同居する世界なのである。ただし、ここで、利休の讃える渋いという美意識は単なる清貧主義とは異なることにも注意すべきである。

　利休は「華は咲き乱れるのではなく……一輪あらば良いのです」という。つまり、利休の思想とは、華とわびの調和なのであり、単なる二項対立を超えたところに彼の新しさがあった。利休の怪人ぶり、革新者ぶりはこのシーンにおいて天才信長を超えて際立つ。

　どこかの国の首相にいわれてもピンとこないのだが、利休の新思想とは、一点を豪華にして残りは質素にしようとする経済モデルでもあったのだ。

　この新思想を「一点豪華主義」といい換えてみよう。質素は質素なりに、華は華なりにとは、まさに今の世を生きるわれわれにとって、新しき世界秩序なのである。

本書で紹介したマンガ一覧

第1章

1　山口かつみ（著）／渡辺千穂（原作協力）『たくなび』ビッグコミックス、小学館、二〇〇五～二〇〇六年、全五巻。
2　せきやてつじ『バンビ～ノ！』ビッグコミックス、小学館、二〇〇五～二〇〇九年、全一五巻。
3　井浦秀夫（著）／小林茂和（監修）『弁護士のくず《九頭》』ビッグコミックス、小学館、二〇〇四～二〇一〇年、全一〇巻。
4　真鍋昌平『闇金ウシジマくん』ビッグコミックス、小学館、二〇〇四年～、二一巻まで既刊。
5　三田紀房『ドラゴン桜』モーニングKC、講談社、二〇〇三～二〇〇七年、全二一巻。
6　三田紀房『エンゼルバンク』モーニングKC、講談社、二〇〇八～二〇一〇年、全一四巻。
7　福本伸行『最強伝説黒沢』ビッグコミックス、小学館、二〇〇三～二〇〇六年、全一一巻。
8　福本伸行『賭博黙示録カイジ』ヤンマガKC、講談社、一九九六～一九九九年、全一三巻。
9　本宮ひろ志『まだ、生きてる…』ヤングジャンプ・コミックス、集英社、二〇〇七年、全一巻。

第2章

1　岩明均『風子のいる店』講談社漫画文庫、講談社、一九九五年、全四巻（オリジナルはモーニングKC、講談社、一九八六〜一九八八年、全四巻）。

2　くさか里樹『ヘルプマン！』イブニングKC、講談社、二〇〇四年〜、一七巻まで既刊。

3　いしぜきひでゆき（原作）／藤栄道彦（漫画）『コンシェルジュ』BUNCH COMICS、新潮社、二〇〇四〜二〇一〇年、全二一巻。

4　矢島正雄（原作）／若狭たけし（漫画）『どんまい！』新装版、ジャンプコミックスデラックス、集英社、二〇〇五年、全五巻（オリジナルはジャンプコミックスデラックス、集英社、二〇〇二〜二〇〇三年、全四巻）。ただし、現在は入手困難。

5　西村ミツル（原作）／かわすみひろし（漫画）『大使閣下の料理人』講談社漫画文庫、講談社、二〇〇四〜二〇〇七年、全一三巻（オリジナルはモーニングKC、講談社、一九九九〜二〇〇六年、全二五巻）。

6　西ゆうじ（原作）／テリー山本（漫画）『あんどーなつ』ビッグコミックス、小学館、二〇〇六年〜、一三巻まで既刊。

7　大石普人（著）／浅妻千映子（原案・取材）『キングスウキーツ』ヤングサンデーコミックス、小学館、二〇〇五年、全五巻。

8　かわすみひろし『営業の牧田です。』モーニングKC、講談社、二〇〇八年、全三巻。

9　岩岡ヒサエ『土星マンション』IKKI COMIX、小学館、二〇〇六年～、六巻まで既刊。

第3章

1　土田世紀『編集王』小学館文庫、小学館、二〇〇六年、全一〇巻（オリジナルはビッグコミックス、小学館、一九九四年、全一六巻）。

2　花津ハナヨ『CAとお呼びっ！』ビッグコミックス、小学館、二〇〇五～二〇〇七年、全四巻。

3　こしのりょう『Ns《ナース》あおい』モーニングKC、講談社、二〇〇四～二〇一〇年、全三二巻。

4　城アラキ（原作）／長友健篩（漫画）『バーテンダー』ジャンプコミックスデラックス、集英社、二〇〇四年～、一九巻まで既刊。

5　槇村さとる『リアル・クローズ』QUEEN'S COMICS、集英社、二〇〇七年～、一一巻まで既刊。

6　かたおかみさお『グッジョブ（Good Job）』コミックスKiss、講談社、二〇〇一～二〇〇七年、全七巻。

7　鍋田吉郎（原作）／並木洋美（漫画）『現在官僚系もふ』ビッグコミックス、小学館、二〇〇五～二〇〇七年、全八巻。

8　乃木坂太郎（著）／永井明（原案）『医龍』ビッグコミックス、小学館、二〇〇二～二〇一一年、全二五巻。

9　小山田容子『ワーキングピュア（Working Pure）』コミックスKiss、講談社、二〇〇七年〜、四巻まで既刊。

第4章

1　石原まこちん『THE3名様』ビッグコミックスピリッツ、小学館、二〇〇四〜二〇〇七年、全一〇巻。

2　田中誠『ギャンブルレーサー』モーニングKC、講談社、一九八九〜二〇〇三年、全三九巻。イブニングKC、講談社、二〇〇三〜二〇〇六年、全七巻。

3　福満しげゆき『僕の小規模な失敗』青林工藝舎、二〇〇五年、全一巻。

4　永島慎二『黄色い涙』マガジンハウス、二〇〇六年、全一巻。

5　いしいひさいち『バイトくん』双葉文庫（ひさいち文庫）、双葉社、二〇〇三年〜、一〇巻まで既刊。

6　よしたに『ぼく、オタリーマン。』中経出版、二〇〇七年〜、五巻まで既刊。

7　藤子・F・不二雄「劇画・オバQ」、『ミノタウロスの皿――藤子・F・不二雄異色短編集』小学館文庫、小学館、一九九五年に所収。

8　山科けいすけ『お仕事しなさい‼　C級さらりーまん講座番外編』小学館、二〇〇六年、全二集。

9　サトウサンペイ『フジ三太郎名場面集』朝日文庫、朝日新聞社、一九八二〜一九九一年、全一九巻。『フジ三太郎』（愛蔵版）、朝日新聞社、一九九一年。ただし、いずれも現在は入手困難。

第5章

1　業田良家『自虐の詩』竹書房文庫（ギャグ・ザ・ベスト）、竹書房、一九九六年、上下巻（オリジナルは光文社コミックス、一九八七〜一九九〇年、全五巻）。
2　土山しげる（著）／大西祥平（協力）『極道めし』ACTION COMICS、双葉社、二〇〇七年〜、七巻まで既刊。
3　やまだ紫『しんきらり（全）』ちくま文庫、筑摩書房、一九八八年（オリジナルは青林堂、一九八二年、全一巻）。
4　近藤ようこ『見晴らしガ丘にて　完全版』青林工藝舎、二〇〇七年、全一巻。
5　こうの史代『さんさん録』ACTION COMICS、双葉社、二〇〇六年、全二巻。
6　益田ミリ『すーちゃん』幻冬舎文庫、幻冬舎、二〇〇九年、全一巻（オリジナルは幻冬舎、二〇〇六年、全一巻）。
7　益田ミリ『OLはえらい』文春文庫PLUS、文藝春秋、二〇〇六年、全一巻（オリジナルはいそっぷ社、二〇〇一年、全一巻）。

8　トリバタケハルノブ『トーキョー無職日記』飛鳥新社、二〇〇九年、全一巻。

第6章

1　花沢健吾『ボーイズ・オン・ザ・ラン』ビッグコミックス、小学館、二〇〇五〜二〇〇八年、全一〇巻。
2　青野春秋『俺はまだ本気出してないだけ』IKKI COMIX、小学館、二〇〇七年〜、四巻まで既刊。
3　西岸良平『三丁目の夕日　夕日小学校編』小学館文庫、小学館、二〇〇五年、全四巻。
4　小田扉『団地ともお』ビッグコミックス、小学館、二〇〇四年〜、一七巻まで既刊。
5　ちばてつや『のたり松太郎』小学館文庫、小学館、二〇〇三〜二〇〇四年、全二二巻（オリジナルはビッグコミックス、小学館、一九七六〜二〇〇〇年、全三六巻）。
6　のりつけ雅春『上京アフロ田中』ビッグコミックス、小学館、二〇〇七〜二〇一〇年、全一〇巻。
7　高野文子『るきさん』ちくま文庫、筑摩書房、一九九六年、全一巻（オリジナルは筑摩書房、一九九三年、全一巻）。
8　山田芳裕『へうげもの』モーニングKC、講談社、二〇〇五年〜、一二巻まで既刊。

あとがき

多くの仕事マンガの力を借りて、本書を書き上げることできた。完成はとてもうれしい。子供の頃からのマンガ好きでよかったとしみじみと思う。仕事マンガは私に多くのことを伝えてくれた。ただ、書き上げたことに満足を感じつつも、書いた後の後味の苦さも残る。仕事世界の深さや多様性を伝え切れていない感じが残っているのだ。これは、私の能力不足であろう。しかし、能力不足を省みずにいえば、本当に仕事は深く、多様で……面白いのである。つまり、一冊の本では伝えきれないよ、というのが本当の気持ちだ。だから、後味の苦さは後悔じゃない。

本書では、仕事マンガと勝手に命名した。厳密な定義ではないが、読者のみなさんにマンガで仕事も語れることを伝えたかったのである。むろん、私が書いたことは一つの解釈にすぎない。だから、我こそはと思う人は仕事マンガについて同僚や友人と語ってほしい。「あの仕事マンガ、読んだ?」という会話が生まれればうれしい。

本書のはじめに、この本は脱・学校空間を目標としていると書いたが、学校を批判するだけでは不十分で、「脱」から「入」への移行こそが難しい課題だと思う。私は、学びを生み出すコミュニケーションが仕事マンガによって作られることを期待しているのだが、それはこれからのお楽しみである。

なお、本書を書く過程では、多くの方々のご協力を得た。まず、連載を引き受けていただいた『月刊総務』『東京新聞』『富士通労働組合・クリエイト』の編集担当の皆さんに感謝を申し上げたい。連載という仕事は締め切りとの戦いであるのだが、それが五二作品との新しい出会いを生み出してくれた。ありがとうございました。

仕事マンガを読み解くには、多くの仲間の助けを借りた。日本生産性本部の経営アカデミー・人材マネジメントコース、東京MBO研究会、法政大学大学院経営学研究科・キャリアデザイン専攻の人事担当者、社会人学生の皆さんとの交流は、私が仕事を語るうえでの滋養を与えてくれた。これらの場での私のポリシーは、大声ではいえないが、講義より飲み会優先である。酒の席での雑談はよい。雑談という複雑なコミュニケーションでしか伝わらないこともあると思う。今までの楽しい時間に感謝したい。

忘れちゃいけないのは、学生（主にゼミ生たち）である。教えずに語るという私の目標は、ゼミの時間はもちろんだが、飲み会でも失敗しているかもしれない。語るといっても、説教になっているような……。でも、私にとって、彼ら彼女らは、語る対象としてつねに意識されていたと思う。楽しみなのは、卒業した学生が自らの仕事について何を語るかである。その仕事語りを興味津々に待っている。こっそり、この場で感謝しておく。

最後に、本書の編集を担当していただいた酒井敏行さんに心からの感謝を申し上げたい。刊行後も、この本とのお付き合いをよろしくお願いします。

平成二三年三月　卒業の季節に

梅崎　修

【著者紹介】

梅崎 修（うめざき おさむ）
1970年生まれ。大阪大学大学院経済学研究科博士課程修了（経済学博士）。法政大学キャリアデザイン学部准教授。専攻は、労働経済学、人事労務管理論。『マンガに教わる仕事学』（ちくま新書、2006年）、『人事の経済分析』（共編著、ミネルヴァ書房、2005年）、『日本的雇用システム』（分担執筆、ナカニシヤ出版、2008年）、『能力主義管理研究会オーラルヒストリー』（共編著、慶應義塾大学出版会、2010年）、他。

仕事マンガ！
52作品から学ぶキャリアデザイン

2011年7月6日　初版第1刷発行　（定価はカバーに表示してあります）

著　者　梅崎　修
発行者　中西健夫
発行所　株式会社ナカニシヤ出版

〒606-8161 京都市左京区一乗寺木ノ本町15番地
TEL(075)723-0111
FAX(075)723-0095
http://www.nakanishiya.co.jp/

装幀＝白沢 正
印刷・製本＝株式会社サンエムカラー

ISBN 978-4-7795-0482-2　C0034